問 普洱茶 과거 그리고 현재
China Tea Academy
2022 姜育發

짱유화교수 차과학 총서 2

보이차사전 증보판_ 과거 그리고 현재

지은이/ 짱유화
펴낸이/ 짱유화
펴낸곳/ 도서출판 삼녕당
www. chinatea. re. kr
www. puertea. re. kr

1판 3쇄 발행일/ 2022년 05월 25일

등록/ 2011년 01월 25일 (제2011-11호)

주소/ 서울시 금천구 가산동 디지털 1로 2, 301호 (가산동 우림라이온스밸리 2차)

전화/ 02-2027-2988, 팩스/ 02-2027-2989

표지디자인/ 짱유화姜育發, 짱닝루이姜寧瑞
문서디자인/ 짱유화姜育發
인디자인/ 문서편집/ 짱유화姜育發, 짱닝루이姜寧瑞
포토샵/ 일러스트/ 짱유화姜育發, 짱닝루이姜寧瑞
사진/ 짱유화姜育發/
로고/ 짱닝루이姜寧瑞

인쇄/ 계림종합출판사

값/ 17,000

"필자가 이 책을 낸 것은 그동안 수많은 소비자들이 마치 바보의 벽에 갇혔던 것처럼, 보이차에 관한 부정확한 정보를 진실인양 스스로 올바른 정보를 차단하는 이른바 인질효과 현상에 대한 우려 때문이다. 아무리 올바른 정보일지라도 반신반의半信半疑하면서 오직 '내가 산 보이차는 진짜이고, 당신이 가지고 있는 보이차는 가짜일 수가 있다'라는 인질효과 현상과도 같은 것이다. '인질효과'란 인질로 붙잡힌 뒤 시간이 흐르면 인질범의 시각에 동화되고 마는 현상을 말하는 심리학 용어다."

– 들어가는 말에서

들어가는 말

보이차의 생명력은 아이러니하게도 소비자들이 아직도 '보이차를 모른다'는데 있다. 누구나 알고 싶어 하는 학문이지만 끝내 알지 못하는 숙제를 안고, 반 토막 지식으로 '보이차의 진실'을 운운해야 마치 진실인양 통하는 곳이 바로 보이차 세계다.

21세기에 접어들면서 중국 상인들이 비로소 야생 보이차를 인식하기 시작했다. 많은 상인들이 보이차를 알고자 운남雲南 |윈난|으로 몰려갔다. 보이차의 고장 운남으로 가면 보이차에 대한 모든 궁금증을 풀 수 있다는 생각에서였다. 그들은 운남에서 얻은 다양한 정보를 통해 그것이 진실 혹은 거짓이든 자신의 견해를 덧붙여 보이차 대가大家로 변신했다.

오늘날 보이차를 업으로 한 운남 사람들은 대부분 조상들로부터 배웠다고 한다. 흔히 우리는 이런 광경을 본다. 어느 마을 뒷동산에 방치되었던 유물이 다른 지역 사람들에 의해 발견되어 유명해지면, 그 마을 사람들은 "조상 때부터 이미 다 알고 있었다"고 말하기 마련이다.

사실 운남 사람들이 말한 보이차의 옛 이야기는 훗날 대만에서 출판한 보이차 서적,『자옥금사紫玉金砂』·『보이호예普洱壺藝』등 전문잡지에서 취재한 자료들을 짜 맞추어 각색한 정보에 불과하다. 그들의 이야기는 단지 이 고장에서 태어나서 살았다는 이유 하나로 많은 이들에게 믿음을 주었다.

그동안 많은 사람들이 책에서 또는 취재원에게 얻은 다양한 보이차 정보를, 그것이 진실 혹은 거짓이든 간에 내용의 진위를 검증하지도 않은 채 자신의 입맛에 따라 필요한 부분만 발췌했다. 그래서 그들의 이야기 속에는 논리는 결핍되고 선

동만 가득 찼다. 그들은 마치 보이차의 부정에 분노한 소비자를 대변하는 것처럼 말의 내용보다는 자극적인 표현으로 보이차를 설명하기도 했다.

필자는 보이차 3부작 가운데의 두 번째 책, 『보이차 사전辭典』에서 이러한 문제들을 철저히 파헤쳐 보이차의 과거와 현재의 역사를 다루었다. 이 책의 부제를 '과거 그리고 현재'로 정한 것도 이러한 연유에서다.

보이차는 영원히 조립할 수 없는 그림 퍼즐과도 같다. 이 그림 퍼즐의 조각들이 아직도 완성되지 않은 상태에서 먼저 우리들에게 그 밑그림을 선보였기 때문이다. 미완성된 그림 퍼즐의 조각들이 학문연구의 성과물이라면 아직도 많은 퍼즐 빈칸은 채워지지 않은 상태에 놓여 있다. 그럼에도 불구하고, 소위 보이차 대가들은 이 그림의 실체를 다 보았다고 우리를 현혹하고 있다.

도쿄대 명예교수 요로 다케시養老孟司는 그의 역작 『바보의 벽』에서 "사람은 자신이 믿고 싶은 것만 믿고 듣고 싶은 것만 듣는 바보의 벽에 갇혀 산다"며 뇌의 구조적 특성을 분석한 바 있다. 대뇌피질 속에 정보가 고착되어 일정한 틀을 형성하면 새로운 사실이 제시되어도 뇌는 받아들이지 않는다. 새로운 정보가 고착된 틀과 일치하면 받아들이고 상충하면 차단되기 때문이다. 바로 바보의 벽이 작동하는 것이다.

그럼에도 불구하고 필자가 이 책을 낸 것은 그동안 수많은 소비자들이 마치 바보의 벽에 갇혔던 것처럼, 보이차에 관한 부정확한 정보를 진실인양 스스로 올바른 정보를 차단하는 이른바 인질효과 현상에 대한 우려 때문이다.

즉 아무리 올바른 정보일지라도 반신반의半信半疑하면서 오직 '내가 산 보이차는 진짜이고, 당신이 가지고 있는 보이차는 가짜일 수가 있다'라는 인질효과 현상과도 같은 것이다. '인질효과'란 인질로 붙잡힌 뒤 시간이 흐르면 인질범의 시각에 동화되고 마는 현상을 말하는 심리학 용어다.

이 책을 만드는 데 고마움을 전해야 할 분들이 있다. 내 책을 한결같이 실비로 인쇄해주신 계림종합출판사 이강혁李康赫 사장님, 내 원고를 자신의 것처럼 정성껏 봐주고 교열해주신 손인숙孫仁淑·손영숙孫永淑 두 선생님과 이 책의 편집과 표지 디자인을 만들어 준 내 딸 짱닝루이姜寧瑞|강녕서|의 노고에 고맙다는 말을 전한다.

2022년 5월 삼녕당에서 화수운천華叟雲釺

학자는 저술을 통해 자신의 학문을 증명한다고 했다.
30여 년의 차교육 생활하면서 어느덧 23권의 차 전문서적을 출간했다.
이 가운데 보이차에 관한 서적이 8권이며, 1988년 내가 만든 『보이차완전해부』 한국어판
은 세계에서 두 번째 나온 보이차 전문서적이다.

나는 내 생애에 30권의 책을 더 내는 것이 목표다.
"내가 아니더라도 결국에는 누군가가 지금 내가 하고 있는 내용들을 밝혀 정리할 것이다.
그럼에도 이 작업을 계속한 것은 한국 차문화 발전을 위한 사명감 때문이다. 나의 노력으로
한국 차인들이 조금이나마 배움의 시간을 단축할 수 있다면 학자로서 이 또한 매우 기쁜
일이 아닐까?"

내가 책을 더 내는 동기에 대한 답이다.

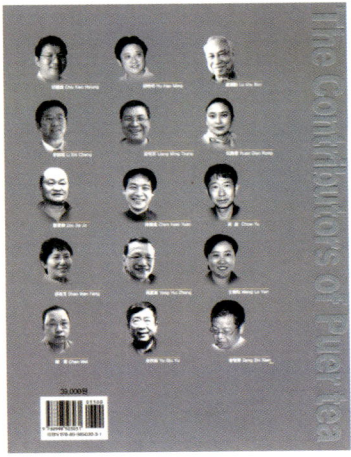

내 인생에서 보이차와 함께 한 시간은 어느덧 40년이 지났
다. 돌이켜보면 나는 보이차 근대사와 함께 많은 일들을 겪
었던 산증인이었다. 이젠 보이차 세계에선 웬만큼 알려진
명사들은 모두 내 친구가 되었다. 이들은 모두 보이차 근대
사를 위해 공헌한 분들이다.

필자의 『보이차 쨩유화에게 묻다』와 『쨩유화 보이차에게
다시 묻다』 두 권의 책 뒷면에 그들의 얼굴을 실었다. 모
두 30명이다. 이들의 직업·성품·세간의 평가에 대한 호
불호는 보이차의 공헌도와는 무관하다. 모두 다 내 주관적
으로 선정한 분들이다.

『쌍유화 보이차에게 다시 묻다』 출판기념회
2014년 11월 21일
부산 농심호텔 대연회장

– 이 책은 다음과 같은 요령으로 엮었다 –

1) 이 책은 필자의 저서 『보이차완전해부普洱茶完全解剖』『보이차 쨩유화에게 묻다』『쨩유화 보이차에게 다시 묻다』내용 중 일부를 발췌, 보충·수정하여 재편집한 증보판이다.

2) 이 책의 내용에서 차와 찻잎의 표기는 가공과정을 마친 건물차乾物茶를 '차', 차나무의 찻잎을 비롯해 가공과정 중의 찻잎을 모두 '찻잎'이라 표기하였다.

3) 이 책의 내용 중 차의 가공법에서 여러 가지 공정으로 이루어진 전체 작업은 '과정過程'으로, 단일 작업은 '공정工程'으로 표기하였다. 예를 들어, 녹차의 가공과정·청차의 가공과정은 '과정'으로, 녹차의 가공과정 중 살청공정·유념공정·건조공정 등은 '공정'으로 한 것이 이와 같다.

4) 이 책의 인명은 신해혁명 |1911|을 기점으로 과거와 현대를 구분했다. 인명에서 과거의 경우는 고전을 통해 생활 속에 정착된 대로 한국식 한자음으로 읽도록 하고, 현대의 경우는 중국어 발음에 따라 먼저 적고 뒤에는 한자를 적어 참고하도록 했다.

5) 이 책의 민족 명칭은 인명과 같이 중국어 발음에 따라 먼저 적고 뒤에 한국 한자음을 적어 참고하도록 했다.

6) 이 책의 지명은 한자음을 먼저 적고 한자와 중국어 발음을 차례대로 적어 참고하도록 했다. 단, 각 파트에 최초로 보인 지명만 앞서 언급한 표기대로 적고, 두 번째부터의 동일한 지명은 한국 한자음만 적고 중국어 발음은 생략했다.

7) 이 책의 한국식 한자 독음으로는 '운남', 중국발음으로는 '윈난'으로 읽는다. 정자체는 '雲南'이고, 간자체로는 '云南'으로 표기한다. 차명茶名·기관 등 기타의 고유 명칭은 모두 한국 한자음만 적고 중국어 발음은 생략했다. 예를 들어 '烏龍茶'를 우룽차라 하지 않고 '오룡차'로 한 것이 이와 같다.

8) 일본의 경우 인명·지명은 일본어 발음에 따라 적었다.

9) 이 책의 화학용어 표기는 『대한화학회 화합물명명법』을 따랐으며 효소의 용어는 한국생물과학협회의 『생물학 용어집』을 참고하였다. 대한화학회와 한국생물과학협회의 규칙이 상충할 경우에는 대한화학회 명명법을 우선하였다.

10) 이 책의 화학용어 중 그동안 일본식 용어와 혼용해왔던 표기와 출처가 불분명한 용어는 모두 『대한화학회 화합물명명법』의 기준에 따른 한글 표기 방법으로 사용하였다. 예를 들어 화학원소에서 '불소'는 '플루오린', '망간'은 '망가니즈', 유기화합물에서 '카테친'은 '카테킨', '데아닌'은 '테아닌', '테르펜'은 '터펜', '에스테르'는 '에스터', '벤진'은 '벤젠', '알데히드'는 '알데하이드', '카르복실산'은 '카복실산', 효소에서 '폴리페놀옥시다아제'는 '폴리페놀옥시데이스', '페록시다아제'를 '퍼옥시데이스', '카탈라아제'를 '카탈레이스' 등과 같이 통일하였다.

11) 이 책의 화학용어 중 한국 고유의 용어인 경우 1차 표기에서 고유용어와 한자 그리고 로마자를 함께 표기하고, 이후의 사용에서는 모두 한국 고유용어만 표기하였다. 예를 들어 단백질의 경우 1차 표기에서 '단백질蛋白質, 프로틴, protein'과 같이 표기하였으나, 이후의 표기는 모두 '단백질'로 통일하였다.

12) 이 책에서 카테킨의 표기는 아래와 같이 기재하였다.

카테킨: (C)
에피카테킨: (EC)
갈로카테킨: (GC)
에피갈로카테킨: (EGC)
에피카테킨갈레이트: (ECG)
에피갈로카테킨갈레이트: (EGCG)

13)『대한화학회 화합물명명법』의 명명 원칙은 1998년 6월 22일 대한화학회의 화학술어상임위원회 |**위원장 윤창주**|에서 논의하여 확정된 것으로, IUPAC의 화합물 이름을 우리말로 표현하는 데에 필요한 원칙을 담고 있다.

14) 이 책에 쓰인 부호는 다음과 같다.

(1)『 』: 서명을 표시할 때
(2)「 」: 시명을 표시할 때, 작품명과 편명을 표시할 때
(3) " ": 대화 등의 인용문을 묶을 때
(4) ' ': 시의 제목이나 강조 부분을 묶을 때
(5) | |: 음은 다르나 뜻이 같은 한자를 묶을 때

15) 맞춤법과 띄어쓰기는 한글 맞춤법 통일안을 따르는 것을 원칙으로 했다.

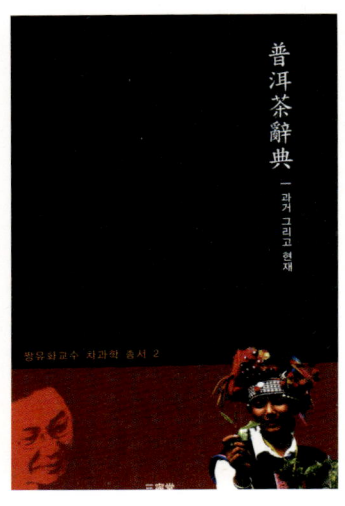

CONTENTS

교열
손인숙
孫仁淑

교열
손영숙
孫永淑

EDITING STAFF

Editor-In-Chief / Chiang yufa

Assistant Editor / Chiang ningruey

Assistant Visual Editor / Chiang yufa

Art Editor / Chiang yufa

Revised / Shon youngsook

Revised / Shon insook

Designer / Chiang ningruey

Illustrator / Chiang ningruey

Photo / Chiang yufa

일러스트 디자인
짱닝루이姜寧瑞

편집/사진
짱유화姜育發

A 보이차 사전

B 보이차 과거 그리고 현재

'한국국제보이차연구원' '짱유화보이차연구소'는 운남성정부로부터 지원을 받아 운영하고 있는 사단법인 교육 연구소다.

이곳은 중국정부 위임기관으로 보이차 연구 외에 보이차 진위를 가리는 감별 수업도 병행하고 있다.

'짱유화보이차연구소'의 교육 목표는 보이차에서 온 불확실성을 해소하는 데 필요한 툴틀을 제공하는 데에 있다.

Part A
보이차 사전

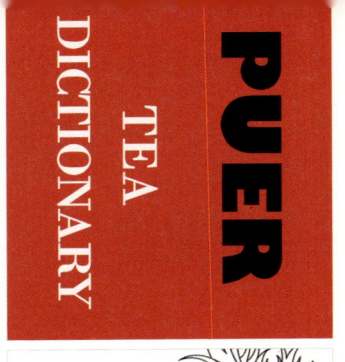

운남성雲南省

운남성雲南省 |윈난성|은 중국의 남서부에 위치하고 있다. 원|
元, 1271~1368|나라 때 중국으로 편입되었다. 면적은 39만
4100km² 로 남한의 약 4배다. 성의 북서부는 티벳西藏 |시짱|자
치구, 북부는 사천성四川省 |쓰촨성|, 북동부는 귀주성貴州省 |구이저
우성|, 동부는 광서성廣西省 |광시성| 장족자치구藏族自治區와 접하
며, 남쪽은 미얀마 · 라오스 · 베트남 세 나라와 인접한다.

중국에는 한족漢族을 포함해서 모두 56개의 민족이 살고 있는데, 운남성에는 25개의 소수민족이 살고 있다. 운남성 전체인구 4,500만 명 중 1/3에 달하는 1,500만 명이 소수민족으로, 운남성은 중국에서 소수민족의 인구가 가장 많은 지역이다.

운남성은 내륙성 기후로 우기雨期와 건기乾期로 구분되며, 1월의 평균기온이 8~17℃, 7월의 평균기온은 21~27℃다. 연간 강수량은 서남지역은 2,000mm 이상이나, 중북부지역은 500~600mm 정도로 적은 편이며, 7~8월에 집중적으로 비가 내린다.

운남성은 8개의 지급시地級市와 8개의 자치주自治州 등 총 16개 지급地級 행정구역으로 이루어졌다. 자치주 가운데 서쌍판납西雙版納 |시솽반나|은 다이족傣族 |태족|의 자치주로 행정소재지는 경홍시景洪市 |징홍시|이며, 맹해현勐海縣 |멍하이현|과 맹랍현勐臘縣 |멍라현|을 관할한다. 남쪽은 라오스·미얀마·베트남에 이르는 국경선에 접해 있다.

서쌍판납西雙版納

서쌍판납의 어원은 다이족傣族ㅣ태족ㅣ에서 비롯되었다. 서쌍은 '12개', 판납은 '천무千畝의 땅'을 뜻하는 말로, 서쌍판납은 '12개 천무의 땅'을 뜻한다. 청나라 때 징세徵稅를 하기 위한 토지의 면적 단위가 '무畝'였고, 12개의 천무를 기본으로 삼았던 것이 서쌍판납 이름의 유래라고 한다. 고대 중국에서 '무畝'는 333.3㎡에서 1,250㎡까지 다양하다. 현재는 지역에 따라 다르나, 대개 666.5㎡으로 계산한다.

　명나라 때 지금의 서쌍판납을 차리車里 |처리|, 또는 '차리선위
사車里宣慰司'라고 불렀다. 차리선위사라고 부른 까닭은 중앙에
서 파견한 정사품正四品 선위사宣慰使가 이곳을 행정중심지로 삼
았기 때문이다. 기록에 따르면, 이곳에서 생산된 차의 첫 이름이
'보차普茶'라고 전해진다.

운남성은 중국의 남서부에 위치하고 있다. 면
적은 39만 4100km²로 남한의 약 4배다.

성의 북서부는 티벳자치구, 북부는 사천성,
북동부는 귀주성, 동부는 광서성 장족자치구
와 접하며, 남쪽은 미얀마·라오스·베트남
세 나라와 인접한다.

운남성은 내륙성 기후로 우기와 건기로 구분
되며, 1월의 평균기온이 8-17℃, 7월의 평균
기온은 21-27℃다. 연간 강수량은 서남지역
은 2,000mm이상이나, 중북부지역은 500-
600mm정도로 적은 편이며, 7-8월에 집중적
으로 비가 내린다.

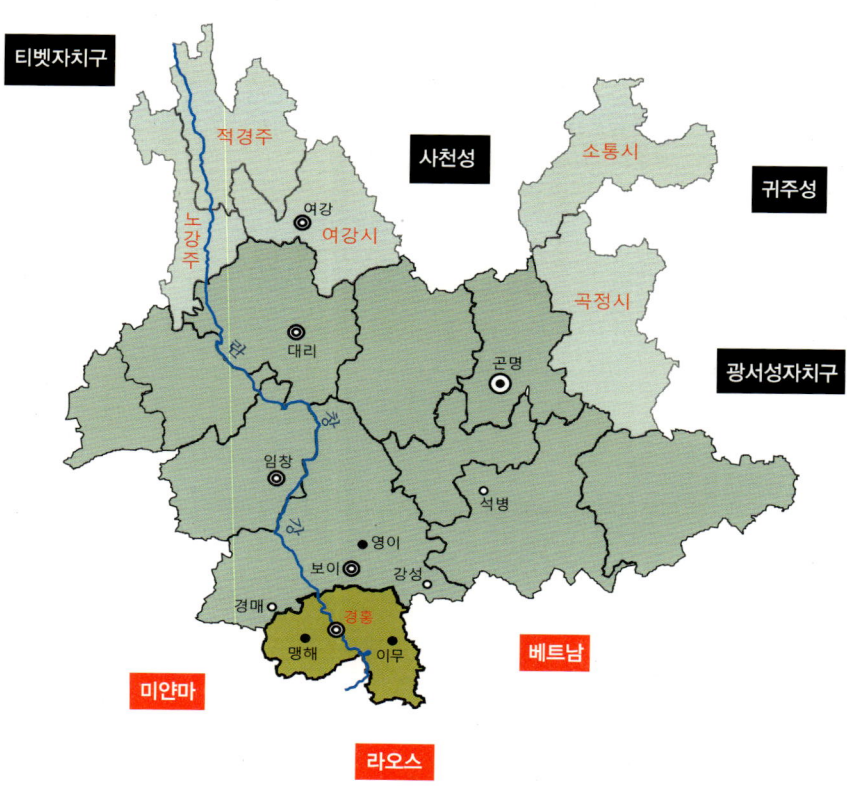

중국

운남

서쌍판납 난창강 중심으로 이무易武쪽을 강북 · 강내江內, 맹해勐海쪽을 강남 · 강외江外라고 한다.

호자급 구舊 6대차산의 보이차는 강북 이무 중심으로, 인자급 · 칠자병차 신新 6대차산의 보이차는 강남 맹해 중심으로 이루어졌다.

난창강이 동남아 경내에 들어가면 메콩강이 된다.

PUER TEA DICTIONARY

난창강瀾滄江

'보이普洱'의 어원은 하니족哈尼族ㅣ합니족ㅣ에서 비롯되었다. '보普
ㅣ푀'는 성채城砦를 뜻하고, '이洱ㅣ얼'는 물굽이를 뜻하므로, 보
이는 물굽이가 있는 성채 마을이란 의미다. 여기서 말하는 물
굽이란 난창강瀾滄江ㅣ란창강ㅣ을 말한다. 중국 티벳지역에서 시작
된 난창강의 물줄기는 운남성을 거쳐 인도차이나반도에 이르
면 메콩강으로 변한다. 강 길이는 총 4,020㎞이나, 중국 내의

길이는 1,800㎞이다.

　서쌍판납을 관통하는 난창강을 기준으로 북쪽을 강북江北 · 강내江內, 남쪽을 강남江南 · 강외江外라고 한다. 서쌍판납 난창강 양쪽 고산高山 구릉丘陵 지대에는 야생 차밭이 분포되어 있다. 특히 난창강 수면과 고산 구릉의 고도차高度差가 1,000m 이상으로 사시사철 운무雲霧가 가득하다. 낮과 밤의 일교차가 큰 이곳의 차나무는 내한성耐寒性이 강해, 타 지역의 차보다 성분과 품질이 월등히 뛰어나 최상급으로 친다.

　보이차는 북위 21° 08′ ~ 25° 43′, 동위 97° 30′ ~ 105° 38′, 해발 800~2,300m, 연평균 기온 15℃ 이상 조건에서 딴 찻잎을 양질의 원료로 치는데, 이와 같은 조건을 만족시키는 찻잎의 생산지가 난창강 줄기다.

보이차 산지인 서쌍판납은 운남성 최남단에 있으며, 미얀마 · 라오스와 국경에 접하고 있다.

명나라 때 '판납版納'이라는 행정단위 12곳이 모였다하여 '12판납'이라고도 불렀다.
아열대 기후인 서쌍판납의 평균기온은 24℃이며, 행정소재지는 징훙景洪이다.

2001년 12월 17일 이전, 샹그리라香格里拉라 부르는 지금의 도시 명칭은 '중전현中甸縣'이었다.

샹그리라에 있는 운남 최대의 티벳사원 송찬림사松贊林寺는 '3명의 신선이 살던 땅'이라는 뜻으로 '작은 포탈라궁'이라고도 불린다.

송찬림사松贊林寺의 티벳 말은 '쑴첼링 곰파'다.

차나무 재배에 적합한 지역의 연 강우량은 1,000mm 이상이지만, 이상적인 연 강우량은 1,500mm 이상이다. 그 이유는 차밭에 1년간 소모되는 수분이 1,300mm 정도이기 때문이다.

또한 강우량 못지않게 식물 재배에 중요한 인자가 공기 중의 습도인데, 아열대성 식물인 차나무가 잘 자라는데 적합한 습도는 80~90%다. 따라서 운남에서 이 조건을 만족시킬 수 있는 찻잎의 생산지가 란창강 줄기다.

고산지역의 차밭은 충분한 강우량과 운무雲霧가 많고 습도가 높아 비옥한 토양으로 이루어졌다. 연구에 따르면 찻잎의 티 폴리페놀과 카테킨 함량은 고도가 높아질수록 줄어든 반면 아미노산은 늘어난 것으로 나타났다.

그 이유가 고산지역은 해가 짧아 일조량이 적고, 적절한 운무가 일부 직사광을 산광散光으로 바꿔줌으로써 질소화합물의 합성과 축적에 유리하기 때문에 이곳에서 자란 찻잎이 여리고 두툼한 것이다.

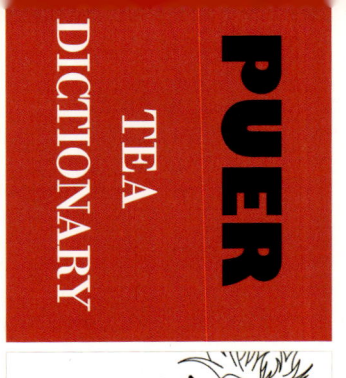

차마고도茶馬古道

송나라 l宋, 960~1279l **이전의** 운남은 중국 영토가 아니었다. 보
이차가 티벳과의 교역상품으로 등장한 것은 몽고족이 중원
을 통치한 원l元, 1271~1368l나라 때 부터다. 남조국南詔國l
737~902l과 대리국大理國l937~1253l 시대에 보이普洱의 지명
은 '보일步日 l**부런**l'이었다. 이것이 원나라 때 '보일普日l**푸런**
l'로 바뀌었고, 명나라 때 다시 '보이普耳l**푸얼**l'로 고쳤다. 명나

라 만력萬曆 연간 |1573~1620|에 '이耳|얼|'를 '이洱|얼|'로 바꿔, '보이普洱 |푸얼| 란 명칭이 오늘날까지 쓰이고 있다.

보이부普洱府는 청나라 옹정雍正 7년 |1729|에 세워졌다. 행정소재지는 지금의 영이현寧洱縣이다. 영이현은 2007년 4월 이전에는 보이현普洱縣이라 불렸다. 현재 영이현의 정식명칭은 '영이합니족이족자치현寧洱哈尼族彝族自治縣'이며 곤명昆明 |쿤밍|으로부터 373km 떨어져 있다.

1253년 몽고제국의 '중원정복방안'은 티벳 고원을 넘어 대리국大理國, 즉 지금의 운남 대리지역에 들어간 뒤, 중국 사천四川지역을 공격하는 전략이었다. 당시 수장首長인 쿠빌라이 |忽必烈, 1215~1294|는 10만 대군을 이끌고 운남에 들어가 가죽뗏목을 타고 금사강金沙江 |진사강| 을 건넜는데, 그때의 도하지점이 지금의 '장강제일만長江第一彎'이다. 이때 몽고군은 이동경로의 교통망을 거미줄처럼 촘촘히 연결하고 확장해 나갔다. 그 길이 오늘날의 '차마고도茶馬古道' 다.

1252년 대리국을 정복한 쿠빌라이는 1260년 칸汗 |Khan| 으로 즉위했다. 1279년 쿠빌라이 칸은 남송南宋 |1127~1279| 마저 멸망시켜 국호를 원|元, 1271~1368|이라 했다. 원의 탄생으로 운남지역에 세워졌던 왕조들은 역사 속으로 사라지게 되고, 운남은 중국의 영토로 편입되었다.

'문창궁文昌宮'은 청나라 때의 관부로 당시 보이부普洱府에 속하였으나 지금은 영이현寧洱縣으로 바뀌었다. 지방문화재로 등록되어 있는 문창궁은 보이부 때부터 보존되어 있는 유일한 건물이다.

세계 3대 협곡 중 하나인 '호도협虎跳峽'은 운남성 경내 양자강揚子江의 상류인 금사강金沙江에 있다. 양자강의 물줄기가 이곳에 이르면 갑자기 방향을 바꾸어 북쪽으로 흘러가기 때문에 '양자강에서는 으뜸가는 물굽이'라고 불린다. 호도협 구간의 차마고도는 매우 험준해서 많은 마방들이 이곳에서 목숨을 잃기도 했다.

전설에 따르면 삼국시대 제갈공명이 군대를 이끌고 운남에 들어와 사모思茅 지역에 주둔했을 때 군대에 속한 마필들을 이곳 호수에서 씻겼다고 한다. 마을 사람들이 이 일을 기리기 위해 호수의 이름을 '세마호洗馬湖'라 지었고, 세마호는 지금의 보이시普洱市에 있다.

문창궁

호도협

세마호

PUER TEA DICTIONARY

보이차普洱茶

보이차普洱茶 |**푸얼차**|는 중국 운남성의 특정지역에서 생산된 차의 이름이다. 중국어 발음으로 '보이'는 '푸얼'이다. 보이차는 명明·청淸시대 당시의 전남滇南 |**뎬난**|, 즉 지금의 운남 서쌍판납과 보이시普洱市 |**푸얼시**|에 속한 6대차산六大茶山의 찻잎을 당시 행정소재지였던 '보이부普洱府 |**지금의 영이현**|'에서 가공·판매했기 때문에 붙은 이름이다.

명나라 당시에는 대리에서 차리車里│처리│곧 지금의 서쌍
판납을 통해 동남아로 가는 경로나, 곤명에서 차리로 갈 때에
는 모두 보이를 경유해야 했다. 특히 보이 주위의 염정鹽井에
서 소금이 났으므로 소금을 통해 이익을 보려는 상인들이 대
거 몰려와, 보이는 운남지역의 경제와 교통중심지로 우뚝 서
게 되었다. 또한 차리에서 생산된 차는 모두 보이에서 교역했
는데, 이를 '보이차'라 불렀다.

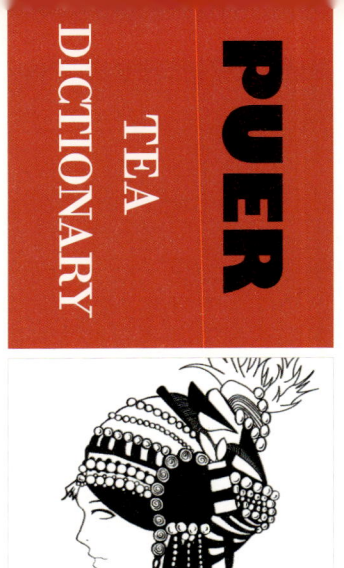

보이차普洱茶 형태形態

보이차는 모양에 따라 잎차와 압제차로 나눈다. 잎차는 각
각의 잎 모양이 살아있어 '산차散茶 |loose-leaf tea|'라고도 하
고, 압제차는 덩어리 모양으로 '긴압차緊壓茶 |compressed tea|'
라고도 부른다. 보이차에서 가장 많이 볼 수 있는 형태는 납
작한 둥근 모양으로 이를 병차餠茶 |cake tea|' 또는 '원차圓茶 |
round caketea |'라고 한다. 옛날에는 무게가 357g이었으나, 지금

은 400g · 500g · 1kg · 2kg · 3kg 등 다양한 크기로 만든다. 또 벽돌모양으로 만든 것을 '전차磚茶 |brick tea|'라고 한다. 전통 전차의 무게는 250g이었으나, 지금은 500g · 1kg · 2kg · 3kg 단위로도 만든다. 두툼한 종지 그릇 모양을 '타차沱茶 |bowl tea|' 라 하는데, 과거에는 100g 단위였으며, 지금은 50g · 250g으로 만든다. 또, 5g 단위로 휴대하기 좋게 만든 1회용을 '미니타차迷你沱茶 |mini-bowl tea|'라고 한다.

이밖에도 긴압차에는 방형方形 · 장방형長方形 · 심장형心臟形 · 기둥처럼 만든 주형柱形 · 수박 모양의 과형瓜形 등이 있으나, 그 양은 많지 않다. 이 중에서 심장 모양의 긴압차는 표고버섯처럼 생겼다하여 '마고차蘑菇茶 |mushroom-shaped tea|' 또는 '고타차菇沱茶'라고도 부른다. 방차 중에서 '복록수희福祿壽禧'와 같은 길상문자吉祥文字를 새긴 것을 '사희방차四喜方茶 |four joys bricktea|'라고 한다.

긴압차는 대부분 기계로 눌러 만들고 있지만, 과거에는 일정한 틀에 잎차를 넣어 나무나 돌로 눌러 만들었다. 돌로 누른 것을 '석마압제차石磨壓製茶 |stone mold compress tea|'라고 한다. 요즘 들어 긴압차 겉면에 여러 가지 도안과 글자를 새겨 단단하게 찍은 보이차도 보이는데, 이는 관상용觀賞用으로 만들어진 공예품이거나 기념품이므로 식용으로 적합하지 않다.

청병靑餅
숙병熟餅
자연완만발효(갈변)차自然緩慢醱酵/褐變茶
인공쾌속발효(갈변)차人工快速醱酵/褐變茶

보이 긴압차에서 쇄청차曬靑茶 |sunshine dried tea|를 압제한 것을
'생병生餅 |raw cake tea |' · '청병靑餅' · '생보生普'라고 하고, 숙산
차熟散茶를 압제한 것을 '숙병熟餅 |ripe cake tea |' · '숙보熟普'라고
한다. 오랜 묵은 것에는 '노老'자를 붙여 '노생보老生普' · '노숙
보老熟普'라고 한다.

현재 유통되고 있는 짙은 밤색을 띠는 보이차의 대부분은 인공쾌속발효(갈변)人工快速醱酵/褐變해서 만든 후발효(갈변)차後醱酵/褐變茶|post-fermented tea|다. 시장에서 숙병으로 유통되고 있는 이 차는 수년씩 걸리던 숙성과정을 1~2개월로 짧게 단축해서 만든 것이다. 인공쾌속발효(갈변)人工快速醱酵/褐變 공법은 1973년 이후 개발되었고 1975년부터 출시되었는데, 이 발효(갈변)의 주체가 미생물이기에 '미생물발효(갈변)차微生物醱酵/褐變茶|microorganism-fermented tea|'라고 부르기도 한다.

그러나 중국 정부가 2008년 제정한 보이차의 조례에 따르면 긴 시간 자연완만발효(갈변)自然緩慢醱酵/褐變를 통해 짙은 밤색으로 변한 보이생차 즉 '노생보老生普'도 숙차로 분류한다. 따라서 우리가 시중에서 볼 수 있는 짙은 밤색의 보이차는 모두 '숙차'라는 것이 중국 정부의 공식입장이다.

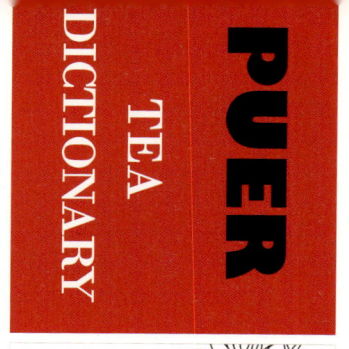

교목喬木
관목灌木
소교목小喬木

차나무는 크게 교목喬木 |tree plant| · 소교목小喬木 |semi-tree plant| · 관목灌木 |shrub plant| 등으로 나눈다. 소교목은 반교목半喬木이라고도 부른다. 차나무 조상으로 알려진 교목은 소나무처럼 키가 크고, 다 자란 잎의 크기가 손바닥만 하여 대엽종大葉種 |broad leaf species|이라고 부르며, 운남지방이 원산지다.

생태학적으로 차나무는 열대지방의 교목이 온대지방으로 이식移植되면서 적은 일조량으로 인해 키가 작아져 철쭉과 같은 관목으로 변한다. 잎에도 변이가 생겨 크기가 작아지므로 이를 소엽종小葉種 |small leaf species|이라고 한다. 그래서 차나무의 원산지로 알려진 운남 인근지역의 차나무는 교목 · 대엽종, 그보다 위도가 높은 한국 · 일본 · 중국 북부지역의 차나무는 관목 · 소엽종, 이 둘 사이에 위치한 중국 복건성福建省 |**푸젠성**| · 광동성廣東省 |**광둥성**| 그리고 대만臺灣 |**타이완**| 등 지역의 차나무는 대체로 소교목小喬木 · 중엽종中葉種 |medium leaf species| 형태를 보이고 있다.

하지만 많은 사람들은, 근래에 운남지역의 계단식 차밭과 평지차밭, 즉 '대지차臺地茶 |modern planted tea|'이라고 불리는 현대차밭에 밀식密植 재배된 차나무를 관목이라고 한다. 즉 철쭉 모양의 차나무를 관목, 소나무 형태의 차나무를 교목으로 보는 것이다. 그러나 학문적으로 반드시 그렇지는 않다. 운남 대지차밭의 차나무 중에서 90% 이상이 품종으로 알려진 교목들이다. 이러한 차나무가 관목처럼 보이는 것은 사람이 인위적으로 전지剪枝 작업을 해서 교목의 키를 작게 만들었기 때문이다. 교목인 이 나무를 전지하지 않고 방치하게 되면 나무 둥치가 다시 커져 몇 배 더 자랄 수 있다. 수령이 몇 백 년 넘은 수 십 미터 높이의 고차수古茶樹도 상당수가 소교목이다. 고차수를 소교목으로 분류하는 것은, 아무리 키가 크더라도 그들의 유전인자가 소교목이어서 교목이라 할 수 없기 때문이다.

고수차古樹茶　대수차大樹茶
노수차老樹茶　소수차小樹茶
대중차大衆茶　소중차小衆茶

보이차를 이야기할 때 자주 듣게 되는 용어가 고차수古茶樹 |
ancient tea plant | · 노차수老茶樹 | old tea plant | · 대차수大茶樹 | big
tea plant | · 소차수小茶樹 | small tea plant | 등이다. 한편 일부에서는
'차茶'자와 '수樹'자의 위치를 바꿔 이를 고수차古樹茶 · 노수차
老樹茶 · 대수차大樹茶 · 소수차小樹茶라 부르기도 한다.

일반적으로 수령이 100년 이상되는 차나무에서 딴 찻잎을 재료로 해서 만든 차를 '고수차古樹茶'라고 한다. 그 이하의 수령인 나무에서 딴 찻잎을 재료로 만든 차를 '노수차老樹茶'라고 한다. 일부에서는 300년 이상 된 수령의 차나무를 '고차수古茶樹', 100년 정도 수령의 차나무를 '대차수大茶樹'라고 한다. 이중에서 수령이 가장 많은 나무에 '왕王'자를 붙여 '차수왕茶樹王'이라 한다.

　　하지만 이러한 구분은 편의상의 구분일 뿐 차나무의 수령과 명칭은 지역에 따라 달라서 명확한 기준은 없다. 그러므로 고수차·노수차·대수차 등의 명칭은 대체로 수령이 많은 차나무의 찻잎으로 만든 차를 통칭하는 것이며, 학문적인 용어가 아닌 산업적으로 통용되고 있다.

　　한편 2011년 8월 1일 운남성 서쌍판납주에서 이러한 혼란을 막기 위해 '야생 차나무의 정의'에 대한 조례를 만들어 공표했다. 요지를 보면 "원시형 야생 차나무는 수령과 관계없이 자연적으로 성장한 차나무를 가리키는 반면, 재배형 야생 차나무는 인위적인 방법으로 재배한 차나무를 가리키며, 수령은 100년 이상인 것을 말한다"고 정의하고 있다. 2016년 12월 1일 운남성 임창시臨滄市 l **린창시** l에서도 조례를 만들어 야생 차나무의 수령을 100년 이상으로 정했다.

한동안 정부의 공식입장으로 고수차·노수차·대수차 또는 고차수·노차수·대차수 등과 같은 찻잎의 원료나 차나무 수령을 강조하는 문구를 사용할 수 없도록 법으로 규제했다. 그럼에도 불구하고 경제시장의 논리로 큰 효과를 보지 못해 지금은 그대로 쓰고 있다.

한편 소수차란 고수차·노수차·대수차 등 야생차나무들의 부락 즉 촌채村寨 주위에 보이는 수령이 짧고 키도 작은 차나무들을 가리킨다. 이 차나무들은 대체로 1980년대에 심었으며 그동안 전지剪枝 관리해왔던 것으로 오늘날 현대차밭의 대지차臺地茶보다 고가로 팔리고 있으며, '고산대지차高山臺地茶'라고도 부른다.

근래에 보이차 시장에서 상인들이 만든 '대중차大衆茶' 또는 '소중차小衆茶'라는 신조어가 등장해 애호가들 사이에 회자되고 있다. 이무易武 고수차 촌채村寨 '괄풍채刮風寨'를 예를 들어, 괄풍채 이름으로 파는 찻잎을 '대중차'이라고 하면, 괄풍채 부락에 속한 차왕수茶王樹·냉수하冷水河·차평지茶坪地·흑수량자黑水梁子 등 작은 지역의 찻잎을 '소중차'라고 한다.

소수차란 고수차·노수차·대수차 등 야생차나무들의 부락 즉 촌채村寨 주위에 보이는 수령이 짧고 키도 작은 차나무들을 가리킨다. 이 차나무들은 대체로 1980년대에 심었으며 그동안 전지剪枝 관리해왔던 것으로 오늘날 현대차밭의 대지차臺地茶보다 고가로 팔리고 있으며, '고산대지차高山臺地茶'라고도 부른다.

괄풍채 이름으로 파는 대부분의 찻잎을 '대중차'이라고 하지만, 이곳에도 사진에서 보이듯이 소수차小樹茶가 즐비하다.

운남성에서 보인 다양한 야생 차나무는 대체로 3가지 형태로 되어 있다.

첫째, 차나무의 조상이라 일컫는 몇 천 년생의 원시형 야생 차나무. 둘째, 오래전 사람들에 의해 재배된 재배형 야생 차나무. 셋째, 원시형과 재배형의 특징을 모두 지닌 과도형 야생 차나무다.

학문적으로 야생 차나무는 원시형 야생 차나무만을 가리키고 있으나, 현재는 시장의 상업 논리에 따라 이 차나무들을 모두 고차수古茶樹 또는 '야생차나무'라고 부른다.

야생 차나무의 서식 형태를 보면, 재배형 야생 차나무는 인위적인 방법으로 재배했기 때문에 모두 군락 형태로 집단 서식하는 반면, 원시형 야생 차나무는 원시 형태의 특징을 가진 하나의 독립된 개체로 서식하고 있는 것이 다르다.

과도형 야생 차나무는 재배형 야생 차나무의 영양기관營養器官인 가지·잎·싹 등의 특징을 가지면서 원시형 야생 차나무의 생식기관生殖器官인 꽃·종자 등의 형태를 모두 지닌다.

1961년 맹해현勐海縣 파달巴達 하송대흑산賀松大黑山 해발 1,900m에서 나무 높이가 34m나 되는 1,700년의 수령을 가진 차나무를 발견했다.

'파달 야생차나무'로 명명한 이 차나무를 보호하기 위해 많은 노력과 울타리를 설치했음에도 불구하고 2012년 10월 10일에 끝내 고사되어 차를 사랑하는 사람들에게 많은 아쉬움을 주었다.

차의 학명은 '카멜리아Camellia 시넨시스sinensis (L.린네.). 오토. Kuntze쿤츠'다. 따라서 '카멜리아 시넨시스'의 학명을 가진 나무의 싹과 잎사귀로 만든 건물질만이 '차 | tea |'라 부를 수 있다.

오늘날 운남성 삼림森林에서 채취된 원시형 야생 찻잎 중에는 차나무와 유연관계인 '카멜리아'과科에 속한 근연종近緣種 산차수山茶樹의 싹과 잎사귀로 만든 것들이 있다.

이 잎들의 가장자리에는 거치鋸齒가 없는 것이 특징이며, 카테킨 성분이 전혀 없기 때문에, 차맛은 떫지가 않다. 그래서 저장할수록 풍미가 떨어지므로 유의하여야 한다.

한편 '야생차'란 대부분 식용이 가능한 재배형 야생차나무의 싹과 잎을 말하지만, 일부 원시형 야생차나무는 사람 손에 길들여지지 않아 싹과 잎에 독성이 있어 식용에는 부적합하다.

일반적으로 원시형 야생차나무는 해발 2,100~2,700m, 재배형 야생차나무는 해발 1,000~2,000m에서 자생한다.

오늘날 무분별한 야생 찻잎의 채엽으로 수많은 야생 차나무들이 죽어갔다. 유명한 차산의 야생 차나무들은 신음하고 있으며, 통계에 따르면 하루에 약 1천 그루 야생 차나무가 고사되고 있다.

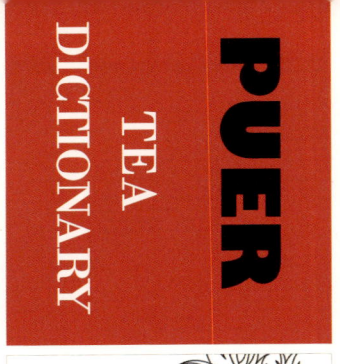

야생차野生茶 대지차臺地茶
야방차野放茶 만천성滿天星

'야생차野生茶 | wild tea | '란 일반적으로 100년 이상 된 자연림에서 자생하거나 재배된 찻잎으로 만든 차를 말한다. '산두차山頭茶'·'산채차山寨茶'라고도 한다. 야생차일 경우 일반적으로 포장지에 산지를 표기한다. 산지를 표기하지 않는 것은 대부분 현대 차밭에서 자란, 이른바 대지차 찻잎이다.

'대지차臺地茶'란 근대에 심어 밀식 재배된 계단식과 평지 차밭에서 생산된 차를 말하는데, 차나무의 수령은 10~40년 정도다. 일부에선 수령이 60년 이하면 대지차로 분류한다.

  대지차의 90% 이상이 품종 또는 군체종인데, 이 가운데 맹고대엽차勐庫大葉茶 · 맹해대엽차勐海大葉茶 · 봉경대엽차鳳慶大葉茶 · 운항10호雲抗10號 · 운항14호雲抗14號 등이 대표적인 중국 국가품종이다. 그리고 운괴雲瑰 · 왜풍矮豊 · 경곡대백차景穀大白茶 · 방동대엽차邦東大葉茶 · 빙도장엽차冰島長葉茶 · 이무대엽차易武大葉茶 등이 대표적인 운남 지방품종이다.

  '야방차野放茶|abandoned planted tea|'란 40~50년 전부터 재배한 차나무를 오랫동안 관리하지 않고 방치한 대지차밭의 찻잎을 말하며, '황지차荒地茶'라고도 부른다. 오늘날 일부에서는 황지차를 '소수차小樹茶'라 부르기도 한다.

  대지차 중에서 밀식 재배하지 않고 차나무를 띄엄띄엄 심은 차밭을 '만천성滿天星'이라 부른다.

대지차

야방차

만천성

61

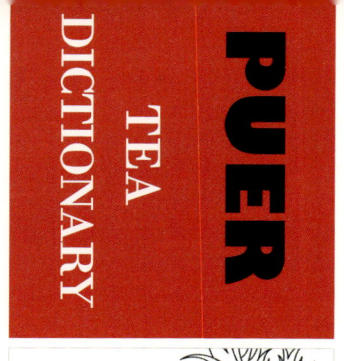

춘차春茶
이수차二水茶
곡화차穀花茶

한국과 달리, 운남 지방의 날씨는 사시사철 봄과 같기에 1년
을 우기雨期와 건기乾期로 구분한다. 그래서 이곳 사람들은 찻
잎 채엽 시기를 일반 중국인과 달리 자신들의 고유 이름을 붙
여 부른다. 그들은 봄차인 춘차春茶를 따는 시기에 따라 춘첨春
尖 · 춘중春中 · 춘미春尾로 나누고, 여름차인 하차夏茶를 이수차
二水茶 · 우수차雨水茶 · 세흑조細黑條, 가을차인 추차秋茶를 곡화

차穀花茶 · 백로차白露茶, 겨울차인 동차冬茶를 저차底茶라 부른다.

춘차는 대체로 2~5월 사이에 딴 찻잎을 가리키는데, 청명淸明에서 곡우穀雨 사이 또는 3월말부터 4월초 사이에 딴 찻잎을 '춘첨春尖', 곡우에서 입하立夏 사이의 찻잎을 '춘미春尾'라고 한다. 또한 망종芒種에서 소서小暑 |일부에서는 대서 |까지의 찻잎을 '이수차二水茶', 입추立秋에서 백로白露 사이에 딴 찻잎을 '곡화차穀花茶 |일부에서는 백로에서 상강霜降 사이의 찻잎|', 백로 이후의 찻잎을 '저차底茶'라고 부른다.

일부에서는 계절과 관계없이 비온 날에 딴 찻잎을 모두 '우수차雨水茶'라 부르기도 하며, 4월 이후에 딴 찻잎을 '흑조黑條'라고도 한다. 한편 9월초에 딴 찻잎에서 솜털인 백호白毫가 마치 가을 황금 들녘에 익어가는 벼 이삭에 활짝 핀 솜꽃과 같다하여 이 차를 '곡화차穀花茶'라고 부른다.

자아紫芽
자연紫娟

찻잎의 색소 중에서 자주색을 띠는 안토시아닌 | anthocyanin |은 폴리페놀의 일종으로, 주로 높은 기온과 강렬한 자외선 환경에서 많이 생성된다. 이렇게 고온 건조한 계절에 많이 보이는 자주색 찻잎을 '자아紫芽 | violet bud |'라고 한다. 자아는 품종을 뜻하는 말이 아니며, 야생과 재배 찻잎에서 모두 나타날 수 있는 자연상태의 자주색 찻잎이다.

따라서 자아는 시간 경과에 따라 녹색으로 돌아오는 성질이 있다. 따라서 자아를 우린 찻물과 우린 잎은 모두 황록색을 띤다.

'자연紫娟 | purple beauty |'은 1985년 운남성차엽연구소雲南省茶葉硏究所에서 60여만 그루의 대엽종 차나무 중에서 자주색을 띠는 변이종變異種 찻잎을 발견하여 육성한 신품종이다.

자연은 찻잎뿐만 아니라 우려낸 찻물과 우린 잎도 자주색을 띠는 것이 특징이다. 이 자주색 성분이 안토시아닌인데, 강한 떫은맛으로 기호식품보다 기능성식품으로 더 인정받고 있고 심혈관 질환치료에 탁월한 효과가 있다.

'자연'은 자주색을 유지하기 위해 가공과정에서 건조기로 말린 이른바 '홍청烘靑'으로 만든 녹차계열이므로, 보이차 정의를 따르면 '보이차'라 부를 수 없다.

자연紫娟은 생엽과 수색, 우린 잎이 모두 자주색을 띤 반면, 자아紫芽는 수색과 우린 잎이
일반 쇄청차와 같은 황록색이다.

자아紫芽는 고온 건조한 계절에 많이 보이는 자생적 자주색 찻잎이다. 야생과 재배 찻잎에서 모두 나타날 수가 있으며, 시간 경과에 따라 녹색으로 돌아오는 성질이 있다.

아포차芽苞茶
월광백月光白
방해각螃蟹脚

'**아포차**芽苞茶'는 학문적으로 차로 분류되지 않는, 일종의 불완전한 찻잎이다. 차나무의 새싹은 인편鱗片 |scale| · 어엽魚葉 |fish leaf| · 본엽本葉 |real leaf| 등으로 구성되어 있다. 이 중에서 인편과 어엽은 떡잎을 말하며, 찻잎의 생물학적 특성과 일치하지 않아 학술적으로는 가짜 찻잎, 즉 '가엽假葉 |fake leaf| 이라고 한다. 그리고 가엽이 돋아난 후에 생장한 잎이 진짜 찻

잎이며, '본엽本葉' 또는 '진엽眞葉|tea leaf|'이라고 한다. '아포芽苞'는 본엽인 찻잎과 가엽인 떡잎으로 이루어진 새싹 전체를 말한다. 이것을 따서 만든 차가 '아포차芽苞茶'다.

아포는 죽순처럼 생겼다하여 '순아보이차筍芽普洱茶' 또는 '금향옥金香玉'이라고도 한다. 또한 차과茶科에 속하지 않는 유연식물有緣植物인 '전남이예차滇南離蕊茶'의 싹에 솜털이 가득해, 이를 아포차로 이름 붙여 판매하기도 한다.

차 학계에서 아포차는 차가 아니므로, 보이차로 치지 않는다. 특히 차나무에서 아포를 채취하면 그 자리에 찻잎이 자라지 않아, 2006년부터 중국정부는 아포 채취 금지령을 내렸다.

'월광백月光白'은 하얀 솜털이 많은 찻잎을 밤새도록 그늘진 공간에서 건조했다하여 붙여진 이름이다. 월광백은 대부분 경곡대백차景穀大白茶를 원료를 쓰며, 백차白茶|white tea|의 가공법에 따라 만든 일종의 약발효(갈변)차弱醱酵/褐變茶|weakly-fermentation tea|이기에 보이차가 아니다. 월광백은 소수민족인 푸랑족布朗族|포랑족|이 즐겨 마시며, '칠선녀七仙女'라고 부르기도 한다.

'방해각螃蟹脚'은 차나무에 기생寄生하는 식물로, 모습이 게 다리처럼 생겼다하여 붙여진 이름이다. '기린초麒麟草'라고도 한다. 기생식물인 방해각의 학명은 '편지곡기생扁枝槲寄生'이다. 열대지방의 해발 500~1,700m에서 자란 오래된 고차수에서나 볼 수 있고, 아직까지 인공 재배한 예는 없다. 색상은 녹색이나 가공하고 나면 짙은 노란색이 된다.

차나무의 양분을 빨아먹고 자라는 '방해각螃蟹脚'은 주로 저항력이 약한 야생차나무에 기생하며, 그 양이 많을수록 차나무의 수명이 단축된다.

색상은 녹색이나 가공하고 나면 짙은 노랑색이 되며, 점차 어두운 밤색이 되거나 나무껍질과 같은 회갈색으로 변하기도 한다.

방해각은 동맥경화 · 고혈압 · 당뇨 · 신장염 치료에 효과가 있어 한약재로 많이 이용되고 있으며, '고차녹보古茶綠寶'라는 이름으로 수출하기도 한다. 또한 일부에서는 마율수麻栗樹의 기생식물을 방해각으로 속여 판매하기도 한다.

아포차芽苞茶를 또 다른 한문으로 표기하면 '아포차芽泡茶'라고도 한다.
상인들은 아포를 다양한 이름을 붙여 상품화하는데, '보춘아報春芽'도 그 중에 하나다.

월광백月光白은 백차의 가공법으로 만든 것이기에 보이차가 아니다.
차는 발효/갈변 정도에 따라 종류를 나누며, 백차는 약발효/갈변차에 속한다.

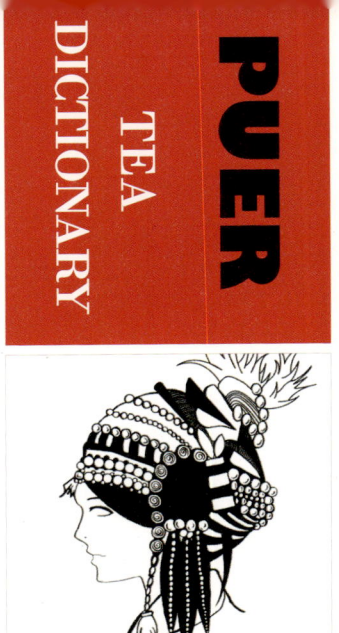

PUER TEA DICTIONARY

보이차두普洱茶頭
보이황편普洱黃片

　　'**차두**茶頭'와 '**황편**黃片'은 보이차의 부산물로 주로 인공쾌속발
효(갈변)과정에서 생겨난다. '차두'란 인공쾌속발효(갈변) 과정
중 일부 어린 찻잎이 점성이 높은 펙틴|pectin| 성분과 결합되어
생긴 덩어리를 말한다. 중국에서 부스럼을 '흘탑疙瘩'이라고 하는
데, 이 차가 마치 부스럼 덩어리처럼 생겼다하여 '흘탑차疙瘩茶'
또는 '노차두老茶頭'라 부른다. 두툼한 단맛이 나는 것이 특징이

다. 오늘날 이 방법을 차용해 인위적으로 만든 상품을 '보이화석普洱化石'이라는 이름으로 판매하고 있다.

'황편'은 인공쾌속발효(갈변) 과정 중 늙은 찻잎이 잘 비벼지지 않아 펴진 채로 낙엽처럼 보이는 것을 말한다. 단맛은 나지만 우려지는 내용물이 적어 비교적 싱겁다. 요즘에는 인위적으로 만든 황편도 볼 수 있으며, 이것은 끓는 물에 늙은 찻잎을 데친 후 그늘진 곳에서 말려 햇볕으로 건조한 것이다. 시장에서는 이를 '노황편老黃片'이라고 부른다.

보이차두는 보이차의 부산물로, 인공쾌속발효 과정 중 일부 여린 찻잎이 점성이 높은 팩틴 성분
과 결합되어 생긴 덩어리이며, 두툼한 단맛이 나는 것이 특징이다.

보이황편은 보이차의 부산물로 인공쾌속발효 과정 중 늙은 찻잎이 잘 비벼지지 않고 펴져서 낙엽
처럼 보이는 것을 말한다. 단맛은 나지만 우려진 내용물이 적어 비교적 싱겁다.

PUER TEA DICTIONARY

보이차고普洱茶膏

황실에 조공朝貢**하던** 보이차 중 가장 귀한 것이 보이차고普洱
茶膏다. 황실에 바치는 공차貢茶에 대해 기록한 『보이다기普洱
茶記』에는, "여덟 가지 공차 중 단차團茶는 5근·3근·1근
·4냥·1냥 5푼 등이 있다. 잎차는 아차芽茶와 예차蕊茶이며,
병甁에 담는다. 보이차고普洱茶膏는 갑匣에 담는다"고 기록하고
있다.

보이차고 중에서도 여아차고女兒茶膏를 으뜸으로 친다. '여아차고'는 처녀들이 곡우 전에 딴 찻잎을 가슴 속에 담아 찻잎이 상처 나지 않도록 조심스럽게 꺼내 고아서 만든 것이다.

청나라 건륭제乾隆帝 |1736~1795| 재위 시, 각국 사절단에게 보이차고를 선물했다는 기록이 남아 있다. 러시아와 영국을 비롯해 조선사절단에게도 보이차고를 선물로 주었다. 건륭제가 집권 60년째를 맞는 80세 생일 만수절萬壽節에, 조선에서 파견한 정사正使 진화사進賀使 황인점黃仁點과 부사副使 서호수徐浩修에게 보이차고·보이차·사과 등을 주었고, 서장관書狀官인 이백형李百亨에게는 보이차와 사과만 주었다는 기록이 조선 왕실 기록인 『일성록日省錄』에 실려 있다.

보이차고는 이 당시에도 정식 외교관에게만 주는 선물로 지정한 것으로 보아 가장 귀한 물품이라는 것으로 여기고 있다.

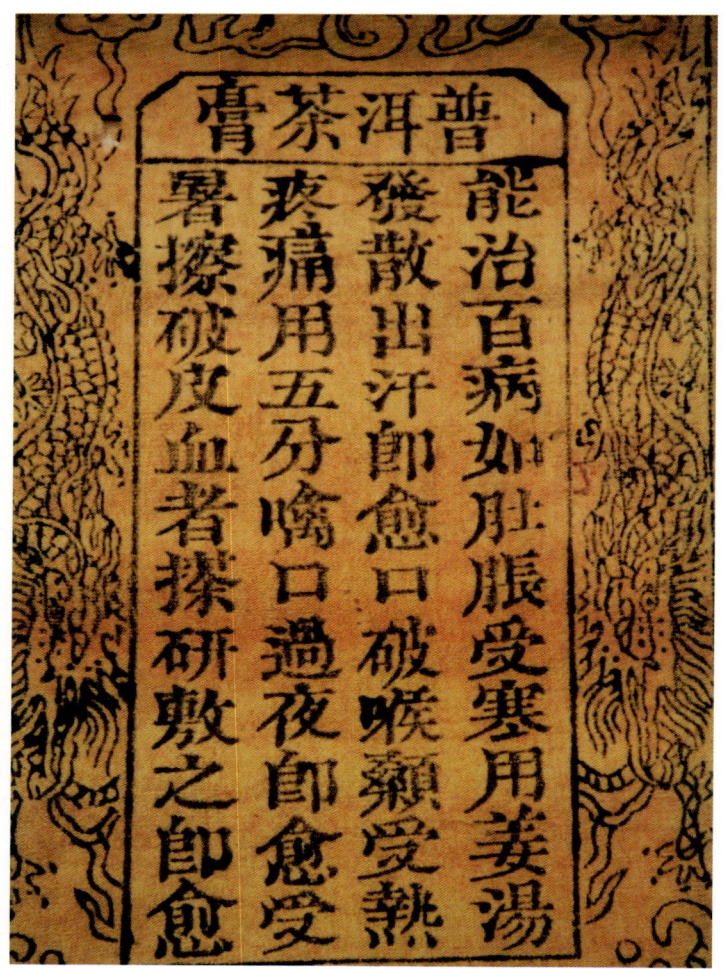

普洱茶膏

普洱茶膏能治百病如肚脹受寒用薑湯發散出汗即愈口破喉顙受熱茶膏五分噙口過夜即愈受暑擦破皮血者擦研敷之即愈

건륭乾隆 연간의 학자 조학민趙學敏은 〈본초강목습유本草綱目拾遺〉에서 "보이차고普洱茶膏는 여러 가지 병을 고칠 수 있다. 차가운 기운으로 생긴 복통일 때는, 생강生薑과 같이 달여 마시고 땀을 내면 바로 낫는다. 열 기운으로 입안이 헐거나 목이 부어 아플 때에는 차고茶膏 5푼을 떼어 입안에 머금으면 다음날 낫고, 가루를 만들어 화상이나 찰과상 부위에 바르면 바로 낫는다"고 했다.

이 문구를 보아 보이차고는 내상內傷뿐만 아니라 外傷으로도 사용할 수 있어 청나라 황실에서는 외국 사신들에게 고급선물로도 활용했다.

2007년 4월 4일 북경고궁박물관이 소장한 150년 전의 보이공차普洱貢茶인 '만수용단공차萬壽龍團貢茶'가 20여일 동안 캐딜락을 타고 운남으로 돌아왔다.

당시 보이공차 이외 청나라 황실에서 소장했던 보이차고도 함께 발견되었다.

오늘날 시중에서 팔고 있는 보이차고는 대부분 숙차의 추출액을 낮은 온도 즉 −40℃에서 급속히 얼려, 냉동 건조 방식으로 만든 분말을 가지고 모양을 압착한 것이다.

이와는 달리 전통방법으로 만든 보이차고는 숙차를 가마솥에서 약 3개월 정도 고은 후 만든 것으로, 대체로 100g을 만드는데 2.5kg의 숙차가 필요하다.

전통방법으로 고아서 만든 보이차고는 엿과 같아서, 이를 잘게 부수어야 먹을 수 있는 반면 냉동 건조 방식으로 만든 보이차고는 분말로 압착한 것이라 모양이 각양각색으로 되어 있다.

전통 보이차고

전통 보이차고

냉동 건조 보이차고

83

구6대차산舊六大茶山
신6대차산新六大茶山

청나라 건륭 43년 |1778| 운남 원모현元謀縣 |위안머우현|의 통치
를 맡은 복건福建 |푸젠| 사람인 단췌檀萃가 쓴, 운남의 역사·지
리·풍속·물산 등을 상세히 기록한『전해우형지滇海虞衡志』
에는, "보이차의 명성은 전국에 알려져 있다. 운남 농산물의
이익은 대부분 이것으로부터 나온다. 보이지역에 속한 6대차
산六大茶山은 유락攸樂 |유러|·의방倚邦 |이방|·망지莽枝 |망즈|·

만살曼撒 |만사| · 혁등革登 |거등| · 만전蠻磚 |만좐|이며, 그 넓이가 800리가 된다"라는 기록이 있다. 훗날 『보이부지普洱府志』는 이 중에서 만살을 빼고 이무易武 |이우|를 넣어 6대차산이라고 했다.

무량산맥無量山脈 |우량산맥|에 속한 이 차산들은 현재 모두 서 쌍판납태족자치주西雙版納傣族自治州 내에 있다. 그 중에서 유락 차산은 경홍시景洪市 |징홍시|에 있고, 나머지 5개의 차산은 맹랍 현勐臘縣 |멍라현|에 있다. 맹랍현의 만살차산은 이무향易武鄕, 나 머지 차산은 상명향象明鄕 |샹밍향|에 있다. 이무는 다이족의 언 어로 '미녀 뱀이 사는 땅'을 뜻한다.

6대차산 중 가장 큰 차산은 이무차산이다. 6대차산 동부에 있는 이무차산은 라오스와 맞닿아 있으며, 면적은 750km²이 다. 이무차산은 이무정산易武正山 · 만살차산 · 만랍曼臘 |만라| 차 산 등으로 이루어져 이들을 합쳐 '이무차구易武茶區'라고도 부 른다. 그러나 일부에서는 6대차산을 모두 묶어 '이무차구'라 부르기도 한다.

청나라 말기, 이무에서 일어난 화재와 말라리아의 창궐로, 보이차 중심지로서의 이무의 위치가 흔들리게 되었다. 그 결 과 1949년 중화인민공화국 건국 이후 보이차의 생산지는 이 무에서 맹해勐海 |멍하이|로 옮겨졌다. 다이족의 언어로 '맹勐 |

멍|'은 지방, '해海|하이|'는 용감하다는 뜻으로, 맹해는 '용감한 자들이 사는 곳'이란 의미를 담고 있다.

보이차는 난창강瀾滄江을 중심으로 발전해 왔다. 난창강 이북지역의 유락·의방·망지·만살·혁등·만전 등지의 차산茶山이 유명하다. 오늘날 이들을 '구 6대차산舊六大茶山'라고도 한다. 이 중에서 유락산을 기락산基諾山 |지눠산|이라고도 한다. 또 '구 6대차산'이 난창강의 북쪽이고 안쪽에 있다하여 강북江北 또는 강내차구江內茶區라 부르며, 그 중심이 '이무'다.

난창강을 중심으로 이남지역에는 맹해·남나南糯 |난눠|·남교南嶠 |난차오|·파달巴達 |바다|·맹송勐宋 |멍송|·경매景邁 |징마이| 등의 차산이 유명하다. 일부에서는 경매 대신 포랑산布郎山 |부랑산|을 포함하여, 이들을 '신 6대차산新六大茶山'이라 한다. '신 6대차산'은 난창강의 남쪽이고 밖에 있다하여 강남江南 또는 강외차구江外茶區라고도 하며, 중심지는 '맹해'다.

오늘날 일부에선 포랑·남나·파달·맹해맹송勐海勐宋 |멍하이멍송|·경홍맹송景洪勐宋 |징훙멍송|·하개賀開 |허카이|·파사帕沙 |버사|·만나曼糯 |만눠| 등의 차산을 가리켜 '신 8대차산'이라 부르기도 한다. 또한 포랑·남나·이무·의방·경매·망지·만살·무량無量 |우량|·반장班章 |반장|·경곡景穀 |징구|·방외邦崴 |방웨이|·천가채千家寨 |첸자자이| 등을 가리켜 '12대차산'이라

고도 한다.

한편 차산 부락인 '촌'과 '채寨 |자이| 중심으로 산지産地를 세분하면, '구 6대차산' 이무차구易武茶區의 '7촌七村8채八寨'가 유명하다. '7촌'은 마흑촌麻黑村 |마헤이촌| · 고산촌高山村 |가오산촌| · 낙수동촌落水洞村 |뤄수이동촌| · 만수촌曼秀村 |만시유촌| · 삼합사촌三合社村 |싼허스어촌| · 이비촌易比村 |이비촌| · 만살촌曼撒村 |만사촌|을 말하며, '8채八寨'는 괄풍채刮風寨 |과펑채| · 한족정가채漢族丁家寨 |한족딩자채| · 요족정가채瑤族丁家寨 |야오족딩자채| · 구묘채舊廟寨 |쩌우먀오채| · 신채新寨 |신채| · 나덕채倮德寨 |러덕채| · 대채大寨 |다채| · 장가만채張家灣寨 |장자완채|을 말한다. 만살차구曼撒茶區의 만궁彎弓 |완궁|, 의방차구倚邦茶區의 만송曼松 |만송| 등도 유명하다. '신 6대차산'에서는 남나산南糯山의 반파채半坡寨 |반포자이| · 석두채石頭寨 |스토우자이|, 포랑산布朗山의 노반장老班章 |라오반장| · 신반장新班章 |신반장| · 노만아老曼娥 |라오만어|, 맹송차구勐宋茶區의 나잡那卡 |나카|, 보이차구普洱茶區의 곤록困鹿 |쿤루| · 앙탑秧塔 |양타| · 고죽苦竹 |쿠주| 등이 유명하다.

임창臨滄 |린창|차구茶區에선 '맹고18채勐庫十八寨'가 유명하다. 18채 가운데, '동반산東半山'의 망방忙蚌 |망방| · 패나壩糯 |바눠| · 나초那焦 |나쟈오| · 방독幫讀 |방두| · 나새那賽 |나사이| · 동래東來 |둥라이| · 망나忙那 |망나| · 성자城子 |청즈| 등 여덟 개 부락을 '동반8채東半八寨'라 하고, '서반산西半山'의 빙도冰島

|빙다오| · 패잡壩卡 |바카| · 동과懂過 |둥궈| · 대호새大戶賽 |다후사이| · 공농公弄 |공농| · 방개邦改 |방가이| · 병산丙山 |빙산| · 호동護東 |후둥| · 대설산大雪山 |다쉐산| · 소호새小戶賽 |샤오후사이| 등 열 개 부락을 '서반10채西半十寨'라고 한다.

한편 빙도冰島에서 오래된 부락인 빙도노채冰島老寨 |빙다오노채| · 남박노채南迫老寨 |난포노채| · 지계노채地界老寨 |디지에노채| · 패왜노채壩歪老寨 |바와이노채| · 나오노채糯伍老寨 |눠우노채| 등을 가리켜 '빙도5채冰島五寨'라고 한다.

임창臨滄 차구茶區에 망폐忙肺 |망페이| · 석귀昔歸 |시구이| · 방동대설산邦東大雪山 |방둥다쉐산| · 영덕대설산永德大雪山 |용더다쉐산| 등의 산채와 설산도 유명하다.

서쌍판납西雙版納 · 보이普洱 · 임창臨滄 · 보산保山 이른바 '보이차4대산구普洱茶四大産區'의 차산茶山과 명채名寨에 대한 정보는 필자의 신작 『보이차지도普洱茶地圖 쌍유화에게 묻다』를 참고하면 도움이 된다.

서쌍판납西雙版納 · 보이普洱 · 임창臨滄 · 보산保山 이른바 '보이차4대산구普洱茶四大産區' 지역에는 난창강 즐기가 다 지나간다.

난창강의 수면과 고산 구릉의 고도차高度差는 1,000m 이상으로 사시사철 운무雲霧가 가득하다. 낮과 밤의 일교차가 큰 이곳의 차나무는 내한성耐寒性이 강해, 타 지역의 차보다 성분과 품질이 월등히 뛰어나 최상급으로 친다.

이무

이무易武는 호자급 보이차의 중심지였다. 이무가 본격적으로 발전한 시기는, 청나라 건륭 초기에 멀리 강서성江西省과 운남 석병石屏지역의 한족 상인들이 한꺼번에 이무로 몰려와 차밭을 개간하면서 부터다.

1990년대 중반, 이무 동네의 버스정거장이자 매표소이다. 한 장의 사진으로 당시 이무의 생활모습을 그대로 설명해주고 있다.

노반장老班章은 서쌍판납 맹해현 포랑산 포랑족향布朗族鄉 관할지역 내 해발 1,700-1,900m에 위치한 120가구 정도로 이루어진 마을이며, 경홍시景洪市로부터 100Km, 맹해현勐海縣에서는 60Km 정도 떨어진 거리다.

2000년 초, 반장 보이차가 유명해지자 반장촌위원회에서는 원래의 반장마을을 '노반장老班章'이라하고, 노반장으로부터 7km 정도 떨어져 있는 해발 1,600m의 반장 마을을 '신반장新班章'으로 나누어 구별했다. 그리고 신반장의 아래 마을 해발 1,200m에는 '노만아老曼娥'가 있다.

노반장

빙도

빙도는 쌍강현雙江縣 맹고진勐庫鎭에서 48Km 떨어진 곳에 위치하고 있다. 해발 1,900m에 있는 빙도채冰島寨의 연 강우량은 1,200mm, 여름 평균기온은 23℃, 겨울 평균기온은 18℃다.

사료에 따르면 명나라 성화成化 21년(1485) 쌍강현 토사土司가 이무易武지역의 200여 그루 차나무를 이곳 빙도에 옮겨 심었다. 토사제도란 현지의 토착민 수장을 토관土官 또는 토사土司라는 벼슬을 주어서 임명하여 간접통치하는 정책을 말한다.

500여년이 지난 지금, 이곳에서는 아직도 그때 심은 20여 그루 야생차나무가 살아있다. 운남의 우량품종인 '맹고대엽종勐庫大葉種'이 바로 이 차나무 씨앗이 번식한 군체종群體種의 후예이다.

빙도채에는 56가구 180명 정도가 살고 있는데, 주민은 타이족 · 라후족 · 한족 등으로 구성되어 있고, 1,700여 그루의 고차수가 있다.

고차수의 평균 수령은 약 300년, 높이는 3m 정도이며, 고차수 이외에도 황지차와 대지차가 약 50무畝 정도도 있다.

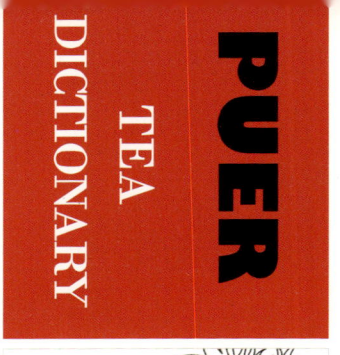

TEA
DICTIONARY
PUER

진년보이차陳年普洱茶
현대보이차現代普洱茶

보이차는 저장기간에 따라 10년 보이차, 20년 보이차 등으로 불린다. 일정기간을 묵히면 '진년보이陳年普洱 | aged puer | '라는 이름을 갖는다. '진년'이란 해가 묵었다는 뜻이다. 일부에서 '부지년不知年'·'원년遠年'·'특급진장特級珍藏' 등으로 표현하기도 한다. 진년보이차 중 가장 많이 쓰는 용어가 '노차老茶 | aged tea | '다. 보이노차普洱老茶는 통상적으로 자연완만발효(갈

변) 보이차를 가리킨다. 생차일 경우 '노생보老生普', 미생물발
효(갈변)차일 경우 '노숙보老熟普'라고 한다. 2000년 이전에
만든 보이차, 특히 호자號字·인자印字 등 이른바 골동보이차骨
董普洱茶를 '노차'라고 부르는 것이 일반적이다.

중국은 개혁개방 이후 국영공장을 모두 매각해 일반 개인
기업으로 전환했다. 이렇게 생긴 개인 기업에서 만든 다양한
보이차를 '현대보이차現代普洱茶' 또는 '신생보이차新生普洱茶|
new-era puer tea|'라고 한다. 오늘날 중국에서는 2005년 이전
만든 보이차, 심지어는 일부에선 저장 기간이 5년만 넘으면
모두 노차라고 거래하기도 한다.

PUER
TEA
DICTIONARY

호자급보이차 號字級普洱茶

진년보이긴압차陳年普洱緊壓茶 중에서, 1949년 중화인민공화국 건국 이전에 개인상점에서 만들어 70년 이상 된 보이차를 '호자급보이차號字級普洱茶 |hao puer vintage|'라고 한다. 호자급보이차는 모두 야생 찻잎으로 만든 쇄청차를 돌로 눌러 만든 '석마수제생병石磨手製生餅'을 저장한 것이다. '전통보이차傳統普洱茶 |traditional puer tea|'라고도 부른다.

오늘날 우리가 접할 수 있는 전통보이차의 원료는 대부분 '구 6대차산'에서 난 것이다. 구 6대차산의 중심지는 이무다. 이무라는 이름이 알려진 것은 명나라 말년이다. 그러나 이무가 본격적으로 발전한 시기는, 청나라 건륭 초기에 멀리 강서성江西省 |장시성|과 운남 석병石屛 |스핑| 지역의 한족漢族 상인들이 한꺼번에 이무로 몰려와 차밭을 개간하면서부터다. 이무로 유입된 사람 중에는 석병에서 온 한족이 가장 많았다. 그래서 지금도 이무 사람들은 석병 언어를 쓰고 있다.

전통보이차의 상품명은 대부분 '호號 |hao|'자로 지어졌다. 호는 '상호商號' 또는 '차호茶號'라는 뜻이다. 그래서 개인가게에서 만든 보이차를 '호자보이차號字普洱茶'라고 불렀다. 이 가운데 가장 잘 알려진 상호는 동경호同慶號·동창호同昌號·동흥호同興號·복원창호福元昌號·송빙호宋聘號 등이다. 이밖에도 진운호陳雲號·경창호敬昌號·강성호江城號·보성호寶城號·정흥호鼎興號·복록공차福祿貢茶·차순호車順號 등이 유명하다.

동경호·동흥호·송빙호 셋을 가리켜 '3대 골동보이차'라고 부른다. 이 중에서 복원창은 보이차 중의 '차왕茶王', 동경호는 보이차 중의 '차후茶后'라 한다. 그러나 오늘날 가장 비싸게 거래되고 있는 차는 '송빙호'다. 호자급보이차 한 편의 무게는 전통에 따라 357g으로 만들었다. 병차는 포장지 없이 7편 한 통을 죽순껍질로 묶었다. 오늘날 호자급보이차의 무게는 세월의 흐름으로 대개 300~330g 정도 나간다.

인자급보이차印字級普洱茶

중화인민공화국 건국 이후 1950년대에서 1970년대 초반
에 국영공장에서 만든 보이차를 '인자급보이차印字級普洱茶 |
masterpiece puer vintage |'라고 한다. 인자급보이차에는 '홍인紅印
'·'녹인綠印'·'황인黃印' 등이 있다. 홍인은 제조시기에 따
라 전기前期와 후기後期로 나누며, 녹인은 '남인藍印'이라고도
한다. 황인일 경우 전기상품은 모두 야생 찻잎을 돌로 누른 것

인 반면, 후기상품 중 일부는 대지차 찻잎을 기계로 압착한 것도 있다.

인자급보이차의 역사는 1950년 중화인민공화국이 '운남성차엽공사雲南省茶葉公司'를 접수 한 후 공사 이름을 '중국차업공사운남성공사中國茶業公司雲南省公司'로 바꾸면서 시작된다. 오늘날 일부에선 중국차업공사운남성공사를 줄여 '성공사省公司'라고 하기도 하고, 연대와 관계없이 운남성의 모든 중국차업공사를 '성공사'라고도 부른다.

1952년 당시 모든 중국차의 상표 도안에는 1951년 자오청쉬趙承煦 |조승후|가 설계한 '팔중차八中茶' 로고 |logo|가 새겨져 있다. 이 도안은 8개의 붉은 '中'자로 둥근 원을 만들고 원 중앙에 녹색으로 '茶'자를 새겨 넣었다. '중'자는 중국을, '팔八'이란 '발發'의 음을 빌려 '발전'의 의미를 담고 있다. '중'자를 적색으로 한 것은 공산주의를 상징하는 색을 나타낸 것이며, '차'를 녹색으로 쓴 것은 찻잎의 색깔을 표현한 것이다.

보이차는 인자급보이차부터 종이로 개별 포장했다. '인印'이란 '찍다 · 찍히다 · 박다'의 뜻으로, 인자印字는 '보이차 겉포장지에 글자를 인쇄했다'라는 뜻이다. 그래서 훗날 상인들은 이 시기의 보이차를 '인자보이차'라고 이름 붙여 거래했으며, 호자급과 인자급 보이차의 가치가 골동품과 같다하여 '골동보이차骨董普洱茶 |antique puer vintage|'라고도 부른다.

골동보이차인 '동경호同慶號'의 내비에는 "이 가게의 상호는 운남에서 백년 넘게 이어져오고 있으며, 이무정산易武正山에서 이른 봄에 돋아난 여린 잎과 흰솜털이 덮인 싹으로 만들었다. 차의 외관 색상은 금황색이며 두툼한 맛과 붉은 수색, 향기를 내뿜는데, 모두 자연적으로 된 것이다. 내비를 부착하여 상품의 진위를 가린다"라고 적혀 있다.

이 문구에서 알 수 있듯이, 소비자의 손에 들어온 이 보이차는 이미 '차의 외관 색상은 금황색이며 두툼한 맛과 붉은 수색葉色金黃而厚水味紅濃'을 띠고 있다. 다시 말해 이 차는 자연완만후발효/갈변한 후에 판매된 것이며, 다만 저장기간이 어느 정도인지는 알 수 없다.

그러나 분명한 사실은 당시의 보이차 가게에서 오늘날처럼 바로 만든 황록색의 생차를 소비자들에게 팔지 않았다는 것이다. 즉 생차는 당장 마시기 위해 만든 제품이 아니라는 것이 전통보이차의 판매 방식이다.

중국은 녹차를 즐기는 나라여서 예로부터 찻잎은 여릴수록 좋다는 것이 일반적인 인식이다.

호자보이차도 이러한 소비자들의 인식을 반영해 원료가 큰 찻잎임에도 불구하고 내비內飛 또는 내표內票의 광고 문구에서는 여린 찻잎을 사용했다는 것을 강조하고 있다.

〈대청회전사례大淸會典事例〉의 기록을 보면 "옹정雍正 13년 | 1735 | 에 운남 차상들에게 차를 판매하는 것을 허용했다. 차병茶餠은 매 통에 7편, 한 편의 무게는 7냥, 한 통은 49냥으로 정한 다"고 했다.

이 내용이 보이차의 전통으로 이어져 내려와 오늘날까지 이어지고 있다.

PUER TEA DICTIONARY

칠자병차七子餠茶
4대차창四大茶廠

보이차의 포장지에서 '칠자병차七子餠茶'라는 용어가 등
장한 것은 1973년의 일이다. 당시 회사는 개명과 함
께 포장지 디자인도 바꿨다. 병차의 둥근 원 상단에는 '
YUNNAN CHI TSE BEENG CHA
운남칠자병차雲南七子餠茶', 중앙에는 '팔중차八中茶'의 로고, 하단에는
CHINA NATIONAL NATIVE PRODUCE ANIMAL BY PRODUCTS IMPORT EXPORT CORPORATION
' 중국토산축산진출구공사中國土産畜産進出口公司
YUNNAN TEA BRANCH
운남성차엽분공사雲南省茶葉分公司'를 영어와 함께 병기倂記했

다. 영어를 병기한 이유는 대부분의 칠자병차를 해외로 수출했기 때문이다. 칠자병차는 대부분 대지차의 원료인 쇄청차를 인공쾌속발효(갈변)시켜 만든 보이숙병普洱熟餅이다. 이와 함께 해외에서 주문을 받아 소량의 청병을 만들어 수출하기도 했다.

1973년 이후 운남의 차생산은 정부의 경제계획정책에 따라 운남지역 내의 4대 차창에 각자 고유번호를 부여했는데, 곤명차창昆明茶廠은 1번, 맹해차창勐海茶廠은 2번, 하관차창下關茶廠은 3번, 보이차창普洱茶廠을 4번으로 정했다. 이 중에서 보이차는 주로 맹해차창과 하관차창에서 생산했으나, 칠자병차의 주생산지는 맹해차창이었다. 최근 곤명차창의 보조공장인 경곡차창景穀茶廠에서도 보이전차普洱磚茶를 생산했었다는 자료가 나와, 일부에서는 이 차창을 5번이라고 주장하고 있다. 여기서 '경제계획정책'이란 중앙정부에서 마련한 원료를 각 지방으로 보내면, 지방은 이를 다시 소단위로 분배·생산하는 제도로, 주로 공산국가에서 실시한다.

맹해차창의 전신은 불해차창佛海茶廠이다. 1940년, 중화민국정부는 운남 '불해佛海'에 중차공사中茶公司 불해차창을 설립했다. 1953년 불해를 '맹해'로 개명함에 따라, 1982년 불해차창은 맹해차창勐海茶廠으로 바뀌었다. 맹해차창은 1994년 중국 경제개방정책으로 '대익패大益牌'라는 상표로 차를 생산했는데, 민영화정책에 따라 2004년 '대익차엽집단大益茶葉集團'으로 개명했다.

곤명

맹해

1940년 정부가 불해佛海에 중차공사中茶公司 불해차창佛海茶廠을 설립해 총경리직을 이곳 사람인 리푸이李拂一, 공장장은 중앙에서 파견한 판허준范和鈞에게 맡겼다.

1942년 일본군이 미얀마를 점령한 후 불해를 폭격하자 차창은 휴업했다. 1950년 중화인민공화국의 건국으로 차 생산이 재개되었고, 1953년 불해가 맹해勐海로 개명되자 1982년 지금의 맹해차창勐海茶廠으로 이름을 바꾸었다.

이후 운남의 차생산은 정부의 계획경제 정책에 따라 4대 국영차창에게 맡겨졌는데, 원차圓茶의 주 생산은 맹해차창이 지정되어 20여 년 동안 '중차패원차中茶牌圓茶'를 만들었다.

이 차가 훗날 '인자보이차'로 불려져 호자보이차와 함께 고급 보이차의 대명사로 추앙받고 있다.

하관

보이

경곡

일구료一口料
병배차拼配茶

　'일구료一口料'란 한 가지 종류의 찻잎만으로 만든 보이차를 말하며, '순료純料'라고도 한다. 오늘날 마을 이름으로 만든 야생차 예를 들어 노반장老班章 · 빙도冰島 · 마흑채麻黑寨 등 한 곳에서 만든 야생청병의 원료는 모두 일구료다. 일설에 호자급 · 인자급 등 전통보이차에 쓰인 원료도 일구료라고 하나, 다른 주장도 있다. 한편 일구료와는 달리, 여러 종류의 찻잎을

섞어 만든 차를 '병배차拼配茶'라고 한다.

청나라 원복阮福의 『보이부기普洱府記』에 "겉면은 곱고 안에는 거친 찻잎으로 만든 차가 '개조차改造茶'다"라고 했다. 부정적 의미로 담고 있는 개조차의 지금 명칭은 '병배차拼配茶'다. '병배拼配'란 보이차의 품질과 가격 등을 조절하기 위해 각기 다른 원료의 단점을 보완하여 적절하게 배합하는 기법으로, 영어 블렌딩|blending|과 같은 의미다.

요즘은 병배를 상품성을 높이기 위해 겉면을 좋은 원료로 포장하는 것 말고도, 산지·계절 또는 각기 다른 연도의 원료가 지닌 장·단점을 보완하기 위해 주로 이용한다. 근대 보이차 제조에서 병배 기법은 '홍인紅印'이 출현하던 때부터 시작되었으나 본격적으로 만들 시기는 칠자병차 이후, 주로 미생물 발효(갈변)보이차 제조과정에서 악퇴 공정의 원료로 사용되었다.

'병배'의 기본 원료는 쇄청모차인데. 야생차와 현대차, 햇차와 묵은차, 그리고 봄차·가을차·우수차雨水茶 등을 섞어 제품을 만든다. 여러 지역에서 생산된 쇄청모차를 섞어 만드는 것도 병배라고 한다. 병배차는 칠자병차 출현 이후, 주로 악퇴 공정의 원료로 사용되었다.

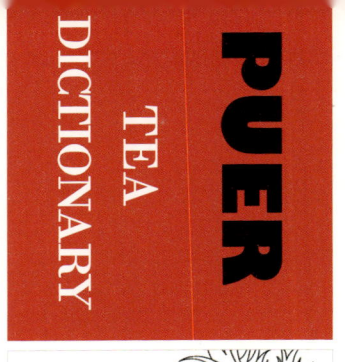

발수차發水茶
상규차常規茶
반생반숙半生半熟

홍콩 · 마카오 · 동남아 등지의 수출업무를 총괄하는 광동차엽
진출구공사廣東茶葉進出口公司는 1952년에 설립됐다. 당시 홍콩
상인들은 지하실에 고온다습한 환경을 만들어 광동차엽수출
공사에서 수입한 운남 쇄청차를 인위적으로 숙성시켰다. 숙성
된 차는 떫은맛이 적어지고 우린 찻물은 짙은 붉은색을 띠었
다. 수요가 많아지자 홍콩 상인들은 이 차를 광동차엽진출구

공사에 주문했고, 광동공사는 1955년 연구팀을 만들어 2년의 연구 끝에, 이른바 '발수차發水茶'를 개발했다.

발수차에 관한 또 다른 이야기가 있다. 예로부터 베트남 합강차창合江茶廠에서는 생차를 만들어 홍콩과 광동에 수출했다. 그러나 베트남이 프랑스와 전쟁 |1945~1954|을 하면서 수출길이 막혀 생차가 창고에 쌓이게 되었다. 이 차는 전쟁이 끝나고 나서야 광동으로 수출되었는데, 일반 생차와는 달리 묵은 맛이 있어 이를 '발수차'라 했다고 한다.

광동 발수차의 핵심은 '악퇴'다. 악퇴란 '쇄청차의 수분과 온도를 제어해 찻잎을 발효(갈변)시키는 방법'을 말한다. 오늘날 광동차엽진출구공사 측에서는, 1974년 운남의 곤명차창 소속의 우치잉吳啓英 |오계영| 일행이 광동차엽진출구공사 산하의 제2차창인 하남차창河南茶廠에서 이 기술을 배워 발명한 것이 '인공쾌속발효(갈변)차'라고 주장한다.

품질의 균일성을 확보하기 위해 병배차의 레시피는 매우 중요하다. 이 레시피에 일련번호를 매겨 만든 차를 '상규차常規茶'라고 한다. 오늘날 우리가 접하는 숫자보이차가 대부분이 상규차다. 상규차의 생병 중 7542 · 7532 · 8582 등을 가리켜 '상규차 3총사'라 한다. 이 가운데 여린 찻잎으로 만든 제품이 7532다. 상규차 중 인공쾌속발효(갈변)로 만든 숙차 3총사는

7452 · 7572 · 7582 등이다.

　'반생반숙半生半熟'이란, 악퇴공법이 아직 정착되지 않았던 1970년대, 맹해차창은 퇴적과정에서 온도조절 실패로 나타난 '탄화炭化' 또는 '소심현상燒心現象'을 막기 위해 찻잎에 물을 적게 뿌려 온도를 낮추거나, 악퇴 시간을 단축시키는 방법으로 악퇴의 실패를 최소화했다. 그러나 충분하지 못한 악퇴로 인해 차의 일부분만 후발효(갈변)되어 여전히 생차의 떫은 맛이 남아있는 차를 생산하게 되었는데, 이를 쇄청차와 함께 모두 '운남청雲南靑'이라 했다.

　맹해차창은 운남청으로 만든 보이차를 악퇴 발효(갈변) 정도에 따라 홍콩에 팔았다. 훗날 상인들은 30%만 악퇴 발효(갈변)한 것을 '3분숙三分熟', 50%를 악퇴 발효(갈변)한 것을 '반생반숙半生半熟' 등의 이름을 붙여 구분했다.

　한편 홍콩에서는 운남의 쇄청차를 '운남청雲南靑', 베트남과 미얀마 | 緬甸 |의 쇄청차를 각각 '월남청越南靑'과 '면전청緬甸靑'이라고 부른다.

고 우치잉

1979년 운남성 정부가 발표한 〈운남성보이차제조공법시행규칙〉에 관한 시행령 모두冒頭에는 "보이차쾌속발효가공법普洱茶快速醱酵加工法이란 인위적으로 물과 습도를 이용해 발효한 공법으로서 1975년 곤명차창昆明茶廠에서 먼저 생산했다. 이후 맹해勐海 · 하관下關 · 보이普洱 등 차창으로 점차 확대했다"라는 문구가 있다.

이 내용으로 보아 보이차 쾌속발효공법은 곤명차창에서 발명한 가공법이며, 그 성공의 중심에는 당시 공장장이었던 고 우치잉吳啓英이라는 여성이 있었다.

궁정보이宮廷普洱
감보甘普

인공쾌속발효(갈변)한 보이차 중에 궁중에서 즐겼던 차라하여 '궁정보이宮廷普洱'라는 것이 있다. 보이차 상품 중에서 특급으로 분류하는 이 차는 체로 체질하여 가녀린 싹을 모아 놓은 것으로 녹차처럼 직접 딴 여린 잎과는 다르다.

한동안 중국에서 '감보甘普'가 유행했다. '감보'는 광동성 신회新會 |신후이| 지역에서 생산된 감귤에 보이차를 넣어 숙성한 것을 말한다. 중국에서 말하는 감귤은 광동성 신회지역에 생산된 것으로만 말하며, 이외의 감귤류는 모두 '감길甘桔'이라 부른다.

이에 감길로 만든 것은 감보라고 할 수가 없으며, '길보桔普'라 해야 한다. 그럼에도 불구하고 우리가 시장에서 접하고 있는 감보는 대부분 길보로 만든 것이다. 중국의 감귤은 감길보다 모양이 크고 껍질이 두꺼워 가격도 4~6배 정도 더 비싸다.

한편 지난날의 감보에는 보이숙차만 넣었으나 지금은 생차를 넣는 경우도 있다.

궁정보이宮廷普洱는 특우전처럼 여린 잎을 엄선해 따로 만든 차가 아니다.

일반적으로 보이차가 완성되면 체를 치는 기구를 사용해 10등급으로 나눈다. 차의 크기를 바람
으로 선별하는 기계인 풍선기風選機와 거름망인 체를 이용하는 두사기抖篩機로 등급을 나눈다.

걸러진 잎이 작고 연할수록 등급이 높고, 크고 늙을수록 등급이 낮다. 잎의 색상과 윤택의 차이
도 등급을 가늠하는 요인이다.

이 가운데 잎이 가장 작고 연한 것을 특급으로 치는데, 이 잎을 모아 만든 것이 '궁정보이'다.

오늘날 중국에서 말한 감귤은 광동성 신회新會지역에 생산된 것으로만 말하며, 이외의 감귤류는 모두 '감길甘桔'이라 부른다. 감귤은 감길보다 모양이 크고 껍질이 두꺼워 가격도 4~6배 정도 더 비싸다.

'감보甘普'는 광동성 신회지역에서 생산된 감귤에 보이차를 넣어 숙성한 것만을 말하며, 감길로 만든 것은 '길보桔普'라고 해야 한다.

지난날의 감보에는 보이숙차만 넣었으나 지금은 생차를 넣는 경우도 있다.

감보 사진의 출처는 (사) 전통예절진흥회 명가다례원 윤하숙 원장님께서 20여 년 전 소장한 감보를 제공해 기록한 것이다.

습창차 濕倉茶
건창차 乾倉茶
자연창차 自然倉茶
민창차 悶倉茶

'창倉'이 들어간 말들은 저장방법에 따라 생겨난 보이차의 상
업적 용어다. 여기에서 '창'은 저장 공간을 뜻한다. 창은 저장
공간의 습도와 온도 차이에 따라 '습濕'과 '건乾'으로 나눠진
다. 그래서 실내온도 30℃ 이상, 습도 80% 이상의 고온 다습
한 공간에서 저장한 보이차를 '습창차濕倉茶 | wet storage tea |'
라고 하고, 인위적인 상온 상습한 공간에서 저장한 보이차를

'건창차乾倉茶 | dry storagetea |'라고 한다. 또 인위적 요소 없이 스스로 자연발효(갈변)한 차를 '자연창차自然倉茶' 또는 '자연진창차自然陳倉茶'라고도 하는데, 대부분 호자급 · 인자급의 고급보이차가 이에 속한다.

'민창차悶倉茶 | stuffy storagetea |'란 건창과 습창의 중간인, 곰팡이가 생기지 않을 정도의 가벼운 습창법으로 만든 차를 말한다. 한자 '민悶'은 '번민하다 · 답답하다 · 어둡다' 등의 뜻을 지니고 있다. 하지만 보이차의 이름에 등장하는 '민'은 '습'보다 약한 뜻을 담고 있다.

PUER

TEA DICTIONARY

변소차邊銷茶
수유차酥油茶

중국의 역대 왕조는 전쟁에 쓸 병마兵馬를 확보하기 위해 주변
의 유목민족과 교역을 했다. 이 교역시장이 '차마호시茶馬互
市'다. 차마호시에서 거래하는 중국차는 모두 변방지역에서 만
든 압제차壓製茶이었다. 이 차들을 일컬어 '변소차邊銷茶'라고
했는데, 변방지역으로 판매한 차라는 뜻이다. 원나라 때에 운
남지역이 중국 영토로 편입되자, 운남은 거친 찻잎으로 만든

전차磚茶를 변소차로 티벳에 팔았다.

변소차에 야크유유를 섞어 만든 차가 '수유차酥油茶 |쑤여우차|'다. 수유차는 차와 야크 우유에 잣·땅콩·호두 등을 섞은 뒤 소금이나 설탕을 넣어 마신다. 율무차와 흡사한 맛이다. 예로부터 티벳과 몽고족 등의 변방 소수민족은 수유차를 마셨다. 수유차는 긴압 형태로 만든 변소차를 쓴다. 긴압차는 쇄청차를 압제한 전차磚茶·타차沱茶·긴차緊茶 등을 말한다. 하관차창下關茶廠의 '보염패寶焰牌'와 '송학패松鶴牌'가 유명하다.

수유차에 찻잎을 넣는 까닭은 고산지대 사람들이 주식으로 먹는 고기가 위에 부담이 되어 소화를 돕기 위해서였다. 그래서 변소차는 질보다 양 위주로, 값싼 거친 잎을 주로 쓴다. 오래전에 만든 보이차 중에서 전차의 품질이 특히 낮은 것도 전차가 수유차의 원료로 쓰였기 때문이다.

고산지대에 살고 있는 유목민족들은 주식인 고기가 위장에 부담이 되어, 소화도 돕고 열량도 높일 수 있는 마실 거리로 차와 야크 기름을 섞어 만든 '수유차酥油茶'를 마신다. 근래에는 야크 기름 대신 버터를 사용하기도 한다.

수유차는 차와 야크 우유에 잣·땅콩·호두 등을 섞은 뒤 소금이나 설탕을 넣어서 마시며, 우리가 마시는 율무차와 흡사한 맛이다.

수유차를 만드는 찻잎은 대부분 거친 잎을 가지고 긴압 형태로 만들었으며, 질보다 양을 위주로 하여서 주로 소수민족들에게 저렴하게 공급되고 있다.

수유차의 전차磚茶는 대부분 사천四川 아안雅安지역에서 만들어 티벳으로 공급하기에 이를 '장차藏茶'라고 한다. 중국은 티벳을 '서장西藏'이라고 부른다.

한편 해발이 높을수록 물의 비등점이 달라 고산지역 3,000–4,000m에서는 대체로 85–90℃ 정도 이면 물이 끓는다. 이 온도로는 차의 내용물을 충분히 우려낼 수가 없어 고산지역에 사는 소수민 족들은 일반적으로 차를 끓여 마시거나, 수유차를 만들어 마신다.

Part B

보이차
과거 그리고 현재

보이차의 과거 그리고 현재의 내용은 필자가 1990년대부터 중국·홍콩·대만 등지에서 만난 보이차 관계자들로부터 얻은 정보와 필자의 경험을 토대로 편집한 내용이다. 당시 이들과 나눈 수많은 대화들을 빠짐없이 기록 또는 녹취했는데, 이 자료들이 지금에 와서 살아있는 물증으로 운남 보이차의 현지 역사를 꿰뚫는 궤적이 되었다.

그동안 취재 과정에서 귀한 정보를 준 사람들에게 지면을 통해 감사의 말씀을 드린다. 중국 인사로는 선페이핑沈培平 | **심배평** | · 쩌우빙량鄒炳良 | **추병량** | · 루구어링盧國齡 | **노국령** | · 쩌우쟈쥐鄒家駒 | **추가구** | · 수판화蘇芳華 | **소방화** | · 장순까오 張順高 | **장순고** | · 허시화何仕華 | **하사화** | · 후하오밍胡晧明 | **호호명** | · 타이준린太俊林 | **태준림** | · 왕르어윈王樂耘 | **왕락운** | · 뤄나이신 羅乃炘 | **나내흔** | · 저우홍제周紅杰 | **주홍걸** | · 왕씨췬王熙群 | **왕희군** | · 왕창위王嬦玉 | **왕항옥** | 등이며, 대만 인사로는 덩스하이鄧時海 | **등시해** | · 츄궈슝邱國雄 | **구국웅** | · 뤼리전呂禮臻 | **여예진** | · 천화이위안陳懷遠 | **진회원** | · 쩌우유周瑜 | **주유** | · 쩡지샨曾智賢 | **증지현** | · 량밍쭝梁明宗 | **양명종** | · 황쥐엔량黃健亮 | **황건량** | · 랴오이롱 廖義榮 | **료의영** | · 왕단카이王端凱 | **왕단개** | · 천즈통陳智同 | **진지동** | 등이며, 홍콩 인사로는 바이수이칭白水清 | **백수청** | · 왕만위안王曼源 | **왕만원** | · 천궈이陳國義 | **진국의** | · 린준샨林君賢 | **임군현** | · 우수롱吳樹榮 | **오수영** | · 허징청何景成 | **하경성** | · 양훼이장楊慧章 | **양혜장** | 등이며, 마카오의 쩡지후이曾智輝 | **증지휘** | · 말레이시아의 샤오훼이쥐엔蕭慧娟 | **소혜연** | · 린푸난林福男 | **임복남** | · 린핑샤앙林平祥 | **임평상** | 등이다.

특히 미생물발효 공법의 창시자이자 곤명차창 공장장을 역임한 고 우치잉吳啓英 | **오계영** | 여사, 이우易武 | **이무** | 향장鄉長을 역임한 고 장이張毅 | **장의** |, 맹해차엽판공실 주임을 역임한 고 쩡윈롱曾雲榮 | **증운영** |, 보이차 방품 제작에 직접 참여했던 홍콩인 고 루주쉰盧鑄勳 | **노주훈** | 그리고 고 장바오싼張寶三 | **장보삼** | 부성장, 차마고도를 명명한 고 무지홍木霽弘 | **목제홍** | 교수님 여러분들의 명복을 빌면서 그동안 여러차례 취재에 응해줬던 고마움을 지면으로 감사의 예를 표한다.

123

보이차의 고향

운남

운남에서 **차를 이용했다**는 기록은 당나라 때의 『만서蠻書』에 처음 등장한다. 당의종唐懿宗 함통咸通 3년 | 862 | 한족인 번작樊綽이 안남경략사安南經略使로 이곳 남조南詔에 부임해왔다. 그는 남조의 민족풍속 · 산천지리山川地理 등을 기록한 책 『만서』를 남겼다. 이 책 권卷 7에는 "이곳의 차는 은생성銀生城 여러 산에서 난다. 차는 줄기 형태인데 만드는 법도는 없다. 이곳의

소수민족인 몽사만蒙舍蠻이 고추 · 생강 · 계피 등을 차와 함께 달여 마신다. 茶, 出銀生城界諸山, 散收無採造法, 蒙舍蠻以椒薑, 桂和烹而飮之."라는 기록이 있다.

보이차가 총애를 받기 시작한 것은 청나라에 들어오면서부터다. 강희康熙 55년 | 1716 | 강희제 80세 생일날, 운남에서 보낸 주절奏折 중에 '보이원차 40개'가 있다는 내용이 『강희조한문주비회편康熙朝漢文朱批滙編』 7책冊에 기록되어 있다. '주절'은 신하가 황제에게 보여주는 문서이자 황제와의 의사소통 수단인 상소와도 같은 것이다.

청나라 야사野史인 『궁녀담왕록宮女談往錄』에는 "서태후가 집에 들어서면 보이차 한 잔을 먼저 올린다. 따뜻한 보이차는 기름기를 제거한다"라는 내용이 있다.

중국 통치자 중 보이차를 가장 좋아했던 황제는 건륭제乾隆帝 | 1711~1799 | 다. 그는 자신이 쓴 '팽설용전운烹雪用前韻'이라는 시詩에서 "오직 보이차만이 묵직하고 품위가 있다. 맑고 확실하여 가히 작설차와 겨룰만하다. 한 잔의 황금색 옥로차, 이를 맛보지 못했던 육우陸羽 | ?~804 | 는 자신의 부족함을 부끄러워해야 할 것이다.獨有普洱號剛堅, 淸標來足誇雀舌. 點成一碗金筌露, 品泉陸羽應慚拙."라고 노래를 했다.

중국은 문화대혁명 때 청년들이 조직한 홍위병에게 모든 전통적인 가치가 부르주아적 산물로 비판받고 공격당했다. 그 비판의 대상에는 보이차도 들어있었다. 전통을 부정한 홍위병은 그때까지 남아있던 보이차 곧 지금의 호자·인자급 보이차를 모두 불태웠다. 공산 중국 아래에서 만든 인자급은 물론 옛 국민당 정부 때 만든 호자급 이른바 전통 보이차마저도 태워져 보이노차는 이렇게 중국 본토에서 흔적도 없이 사라졌다.

1973년 이후 중국은 인공쾌속발효(갈변)한 보이차를 개발했다. 저장할 필요 없이 바로 마실 수 있는 보이차는 공산주의 이념과 맞아 떨어져, 중국 국영차창은 이때부터 인공쾌속발효(갈변)법으로 보이차를 만들었으며, 1990년대 말까지 지속되었다.

중국이 인공쾌속발효(갈변)차를 개발한 이유에 대해서는 다양한 설들이 있다. 이 신新공법의 출생 비밀을 둘러싸고 지금도 여러 가지 설들이 끊이지 않고 있다.

1997년 필자는 보이차 인공쾌속발효(갈변)법의 창시자인 옛 곤명차창 공장장을 역임한 고 우치잉吳啓英 | 오계영 | 여사를 만났다. 그는 미생물 발효(갈변)법의 출생에 대해 이렇게 이야기해 주었다. "1973년 여름, 운남 곤명차창에서 한 장의 팩스가 왔다. 보이차를 보내 달라는 홍콩사람의 주문서였다. 당

시 회사는 운남청雲南靑을 보냈다. '운남청'은 주로 홍콩에서 말하는 운남 쇄청차다. 즉 쇄청차를 홍콩으로 보냈던 것이다. 그러나 홍콩에서 원했던 차의 수색은 붉은색이었다. 이 차는 광동지역에서 만든 것으로 차 샘플도 함께 보내왔다. 당시 운남에는 인공쾌속발효(갈변)차에 대해 아는 바가 없었고, 오직 쇄청차로 만든 짙은 녹색의 생차만 생산하고 있었다. 그래서 자신이 직접 보이차 관계자 7명을 대동하고 광동지역에서 만든 '발수차發水茶'를 배우러 그곳을 견학하고 돌아왔다. 이런 과정을 거쳐 1975년, 곤명차창에서 중국 최초의 미생물발효(갈변)차가 탄생되었는데, 이것이 '7581 보이전차磚茶'인 것이다"라고 했다.

그러나 또 다른 주장도 있다. 맹해지역 인사들의 이야기다. "중국을 10년 뒤로 후퇴시킨, 1966년에 일어난 문화대혁명文化大革命의 씨앗이 대약진운동大躍進運動인데, 대약진운동은 대단위 공동체인 인민공사人民公社를 기반으로 1958~1960년 사이에 발생한 운동을 말한다. 당시 운남 차농茶農들은 인민공사의 지시에 따라 삽과 괭이를 들고 야생차나무 밭을 개간해 해발이 낮은 평지와 언덕에 차밭을 만들었다. 여기서 생산된 차를 훗날 '대지차臺地茶'라 한다. 대지차밭의 찻잎은 일조량이 많아 야생 찻잎과는 달리 강한 떫은 맛을 가진다. 특히 강한 떫은 맛을 지닌 EGCG 성분의 비율이 높아 개선이 필요할 때 곤명차창에서 미생물로 발효(갈변)한 '인공쾌속발효(갈변)

법'이 개발되었다. 이러한 요인들이 맞아 떨어져 이른바 '인공 쾌속발효(갈변)' 보이차시대가 열렸다"고 했다.

청나라의 몰락과 국민당 정부인 중화민국의 탄생은 보이차를 해외에 알리는 결정적 계기가 되었다. 그 당시 운남에 살고 있던 수많은 이무易武·의방倚邦 상인들이 홍콩으로 건너가 장사를 했다. 이때 보이차도 교역상품 목록에 들어가 대량으로 홍콩에 팔려나갔다. 동남아로 판매된 보이원차는 원래 원보차元寶茶·교소원차僑銷圓茶 등으로 불렸으나, 대부분 '차병茶餅'이라는 이름으로 유통되었다.

1949년 중화인민공화국 건국 이후 보이차의 주 생산지는 맹해차창이었다. 맹해차창에서 당시 해외로 수출한 교소원차 즉 오늘날에 말한 '인자급보이차'는 두 가지 원료를 섞어 만들었다. 병차 속 70%는 8급 원료, 병차 겉면 30%는 6급 원료였다. 1973년 운남성 차엽공사는 맹해차창과 하관차창을 지정하여 칠자병차를 생산했다. 초창기의 칠자병차의 병배 원료는 1급 5%, 5급 20%, 6급 25%, 7급과 8급 각각 25%의 비율로 만들었다. 그 후 이 병배 원료의 비율을 조정하여 만든 칠자병차 '7532', '7542' 다.

'칠자병차'라는 용어는 1973년 회사 개명과 함께 처음으로 병차 포장지에 등장하게 된다. 당시 칠자병차의 주 시장은

홍콩과 동남아였다. 중국은 보이차의 표준화와 수출에 필요한 문서를 기록하기 위해 차에 관한 모든 정보를 '지비支飛 | batch ticket | '라는 라벨 종이에 기록했다.

지난날 보이차의 운송 수단은 마필이었다. 보이차 12통을 대나무로 짠 큰 바구니인 람籃에 담아 마필의 양쪽에 각각 1 람씩 실어 나르는데, 이를 '1담 | 60kg | '이라 한다. 중국에서는 30kg 1람을 '1건件'이라 하고, 대만·홍콩에서는 '1지支'라고 한다.

당시의 보이차는 전통방법에 따라 1지에 담아 출하했다. 보이차 '1지'에는 상품을 알리는 전지인 '지비支飛' 한 장을 넣는 것이 관례인데, 이 지비에는 상품명칭·출고공장·중량·일련번호 등이 적혀있다. 지비에 적힌 일련번호, 예를 들어 7542와 같은 번호는 '마두嘜頭' 또는 '마호嘜號 | trading code | ' 라고 불러 지비 첫 번째 칸에 적었으며, 병차餠茶는 네 자리, 산차散茶는 다섯 자리 숫자를 쓴다.

문제는 이 '마두嘜頭'라는 단어다. 마두는 표지를 뜻하는 영어인 'MARK'를 말하며, 광동지역의 방언을 한자화 한 것이다. 다시 말해 표준 중국어가 아닌 이 용어를 국가문서에서 사용했다는 것은 이 제품은 광동 방언을 쓰는 곳인 홍콩으로 수출하는 상품이라는 것을 말한다.

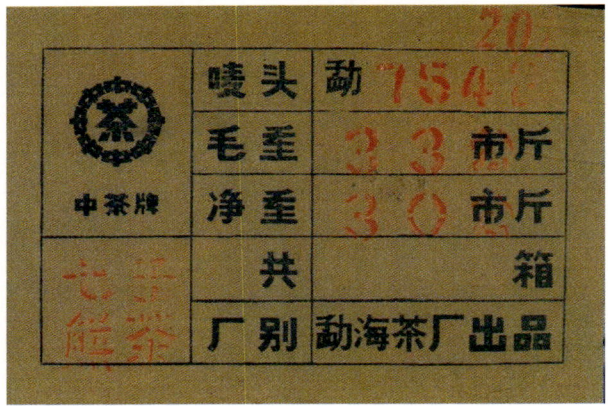

보이차는 12통(357g x 7편 x 12통 = 30Kg)을 대나무로 짠 큰 바구니인 람람(30kg)에 담는다. 마필 양쪽에 각각 1람을 실었는데, 이를 '1담擔(60kg)'이라고 한다. 또, 중국에서는 1람(30kg) 을 '1건件'이라고도 하며, 대만 · 홍콩에서는 1람을 '1지支'라고도 한다. 지금은 6통(15Kg)을 1 건 또는 '1소건小件'이라고 한다.

전통적으로 보이차는 12통을 대광주리에 담아 출하한다. 대광주리에는 이 상품을 알리는 전지 인 지비支飛 한 장을 넣어 거래한다.

지비의 일련번호는 '마두嘜頭'라는 첫 번째 칸에 적혀 있다. 마두는 표준 중국어가 아닌 광동방 언인 'Mark'를 한자화한 것이다. 지비에서 '모중毛重'은 포장 물건의 전체 무게이고, '정중淨 重'은 포장물 등의 무게를 뺀 실제 차의 무게를 말한다.

한편 칠자병차 지비의 마두에는 숫자가 적혀있었기에 훗날 상인들은 이 제품을 '숫자보이차'라 불렀으며, 또는 호자급, 인자급을 이은 보이차 제품이기에 '제 3세대 보이차'라고도 부른다.

오늘날 숫자 보이차 가운데 남아 있는 상품 중 인공쾌속발효(갈변)한 숙병은 7452 · 7572 · 7582, 생병은 7542 · 7532 · 8582가 대표 상품이다. 이 숫자의 뜻은 앞 두 자리는 해당 차의 제조년도, 셋째 자리는 원료의 등급, 넷째 자리는 가공공장의 부여번호다.

7572의 예에서 '75'는 생산년대, '7'은 원료등급, '2'는 맹해차창을 가리킨다. 7581인 전차일 경우 '75'는 생산년대, '8'은 원료등급, '1'은 곤명차창을 말한다. 산차의 일련번호는 다섯 자리인데, 79032의 예에서 '79'는 생산년대, '03'은 원료등급, '2'는 맹해차창이다. '원료등급'이란 표기된 숫자 중심의 원료로 블렌딩한 일종의 레시피 번호다.

중국은 한족 이외에 총 55개의 소수민족으로 이루어진 나라다. 소수민족이 가장 많이 모여 있는 지역은 남방의 산악지대인 운남성으로 25개 소수민족이 살고 있다. 중국 헌법에는 '각 소수민족은 자신들의 풍속과 습관을 유지하거나 개발할 자유를 가진다'라고 명시되어 있다.

예로부터 티벳과 몽고 등지의 변방 소수민족들은 수유차를 마셨다. 중국 운남성 정부는 1973년 인공쾌속발효(갈변)차를 개발했음에도 불구하고, 소수민족들이 마시는 수유차 원료를 공급하기 위해 일정량의 보이생차를 만들어야 했다. 정부의 정책에 따라 만든 보이생병은 저가의 변소차, 즉 사천지역에서 벽돌 형태로 만든 '장차藏茶'보다 가격이 높아 소수민족들로부터 외면을 당했다. 변소차는 대부분 벽돌 형태로 질보다는 양으로, 거친 잎을 주로 사용했다. 옛 보이차에서 보인 전차磚茶의 질이 가장 낮은 것도 장차藏茶와 같이 수유차 원료로 쓰였기 때문이다.

중국정부는 공산제도에 따라 수출용 보이원차도 장차藏茶처럼 일률적으로 티벳으로 판매했으나, 판매부진으로 재고로 쌓여졌다. 운남에서는 남아도는 생차 물량을 소비하기 위해 홍콩 상인들이 보이숙병을 주문하면 생병을 끼워서 강매하는 방식으로 이를 처분했다. 홍콩 상인들은 강제로 떠 맡은 생병을 처리하기 위해 고온 다습한 방법으로 병차를 지하창고에 넣어 쾌속발효(갈변)시켜 상품화했는데, 이 방법이 바로 '습창법濕倉法'이다.

동파문화東巴文化는 나시족納西族의 독특한 문화다. 나시족들의 제사와 예언, 무속을 담당하는 사람을 '동파東巴'라고 한다.

나시족은 대부분 운남 여강麗江에 살고 있으며, 나시족의 '동파문東巴文'은 현재까지 존재하는 몇 안 되는 상형문자象形文字다.

습창법에 관한 일화 중에서 가장 많이 회자된 이야기가 '88청병'이다. 1992년 홍콩 상인 천궈이陳國義 | **진국의** | 는 1988~1989년 생산한 것으로 판단된 30톤의 7542를 운남성차엽공사雲南省茶葉公司에서 샀다. 당시 홍콩의 모든 생병은 고온 다습한 지하창고에 쌓아 이른바 습창법으로 갈변했다. 상인들이 습창법을 택한 가장 큰 이유는 물류보관비 때문이었다. 1992년 홍콩 물류창고인 공고公庫의 매월 임대료는 홍콩달러 5,000원이었다. 당시 보이생병 한 편의 구입가는 홍콩달러 7.8원, 30년 자연 갈변한 홍인紅印의 거래가격은 350원이었다. 생병은 숙성기간이 30년 이상 되어야 고급화할 수 있고 제맛이 난다. 그래서 저장 비용을 줄이기 위해 상인들은 고온 다습하고 어둡고 칙칙한 지하창고에 보이차를 넣어 발효(갈변)를 촉진시켰다. 훗날 이렇게 단시간 내에 고온다습한 환경에서 숙성된 보이차를 '습창보이차濕倉普洱茶'라 했다.

습창보이차는 역겨운 곰팡이 냄새가 나서 퇴창退倉이나 거풍擧風 같은 특별한 처리를 거쳐야 판매할 수 있었으며, 우린 찻잎은 탄력이 없고 인공쾌속발효(갈변)차의 숯검뎅이 잎과 비슷하여 이를 '흑조黑條'라고도 불렀다.

천궈이는 3년에 걸쳐 매년 10톤의 보이생병을 운남에서 가져와 물류창고에 저장했다. 1995년 30톤의 보관비가 부담되어, 1998년 물류창고를 하나 샀다. 보이차 가격이 폭등하자

2002년 그는 이 차를 편당 홍콩달러 500원에 팔았다. 2004년 시중 거래가격은 홍콩달러 1,200원이었다. 10년 동안 무려 원가의 150배로 뛰었다. 천궈이가 최초로 물류창고에 보이차를 자연 환경에서 저장했다 하여 '건창乾倉'과 '습창濕倉'이라는 용어가 상거래에서 사용하게 되었고, 건창보이차의 창시자이기에 자신을 건창의 아버지 즉 '건창지부乾倉之父'라고 했다.

천궈이는 자신의 상점 차예낙원茶藝樂園 창업 해인 1988년에서 '88'을 따와서 차 이름을 '88청병'이라 붙였고, 이 차의 지비에 901 숫자가 있어 '7542-901'이라고도 한다. '901'이란 1900년 첫 번째 출하한 7542라는 뜻이다.

2017년 천궈이가 저장했던 '88청병' 한 편의 가격이 인민폐 10만 위안으로 올랐고 지금은 20만 위안 정도 거래하고 있다. 이 차가 이렇게 각광을 받은 것은 희소가치도 원인 중의 하나였지만 무엇보다도 '88청병' 이전의 칠자병차, 즉 홍콩에서 저장했던 칠자생병은 모두 습창법으로 갈변했던 것이 영향이 제일 컸다.

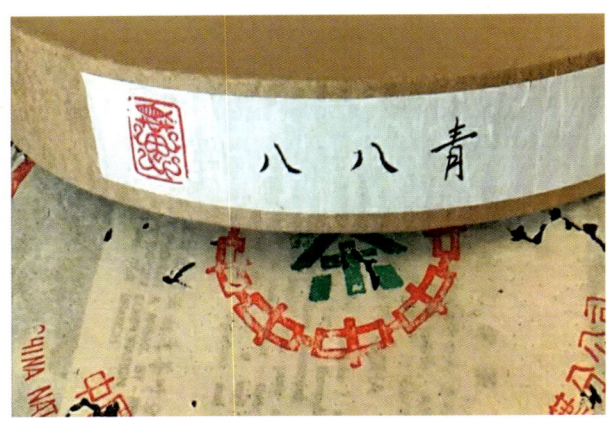

오늘날 88청병의 포장지에 천궈이陳國義의 친필 싸인 또는 자신의 얼굴로 디자인한 스티커가
부착되어 있어야 진품으로 인정된다.

위 사진은 천궈이의 싸인 또는 얼굴로 디자인한 스티커가 부착되어 있지 않아 진품으로 인정 받
지 못한다.

'건창지부' 천궈이陳國義

2016년, 심천국제차박람회에서 주최한 보이차 품평대회에서 천궈이가 출품한 보이생병이 금상을 받았다.

필자가 이 대회의 보이차 품평위원장 자격으로 20여년 우정을 지닌 친구인 천궈이陳國義에게 상을 수여했다.

보이차의 저장

홍콩

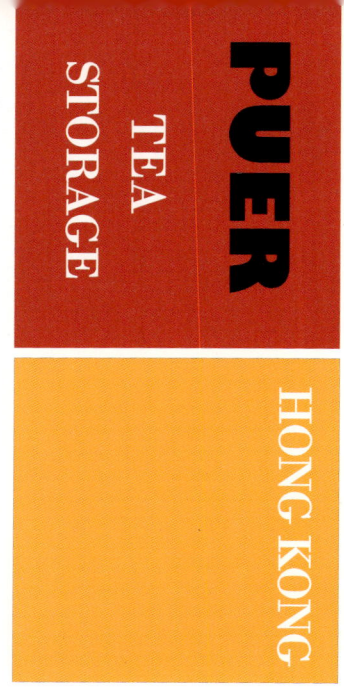

PUER TEA STORAGE

HONG KONG

홍콩은 중국 광동廣東ㅣ광둥ㅣ 지역권에 속한 섬으로 향항도香港島·구룡반도九龍半島·신계新界 및 그 밖의 230개의 부속도서로 구성되어 있다. '홍콩'이란 지명은 중국말로 '샹강香港' 즉 '향기로운 항구'를 뜻한다. 샹강의 광동어 발음이 '횡꽁'이다. 이것을 서양인들이 '홍콩'으로 알아듣고 발음해 홍콩이 되었다.

홍콩 섬은 1841년 영국군에 의해 점령된 후 남경조약南京條約을 맺은 후 중국으로부터 정식적으로 양도 되었다. 구룡반도는 1860년 중국의 제2차 아편전쟁의 패배로 북경조약北京條約에 따라 영국에 귀속되었다. 1898년에 영국은 홍콩과 인접한 북부 섬과 신 행정구역으로 알려진 신계新界를 99년간 빌려 사실상 홍콩은 영국의 식민지배로 들어갔다.

홍콩은 비좁은 땅으로 천연자원이 부족하다. 편리한 지리 위치 및 깊은 수심과 넓은 항구를 이용하여 19세기에 이르러 영국의 주요 무역항으로 발전했다. 1940년대, 중국 내전을 피해 도피한 한족 난민들이 대거 홍콩으로 들어왔다. 그 중에는 기술과 자금을 가진 상인도 있었으나 많은 이들은 부두의 하역노동자로 일했다.

북회귀선 남쪽에 위치한 홍콩의 날씨는 아열대성 기후로 여름은 습하고 후덥지근하다. 노동자들은 수분을 보충하기 위해 값싸고 잘 우려지는 보이차를 주전자에 담아 수시로 마셨다. 1950년대 홍콩 보이차의 다른 이름은 '고력차苦力茶' 즉 해갈용으로 마시는 노동계급의 차라고 했다. 고력차 중에는 유사 보이차인 육보차六堡茶와 육안차六安茶도 있었다.

홍콩의 공식 언어는 중국어와 영어다. 중국어의 주류는 방언인 광동어다. 광동지역 사람들이 이룬 홍콩의 음식문화는 광동음식을 그대로 따른다. 광동음식 중에서 손님들이 테이블에 앉아 차를 주문한 후 지나가는 손수레를 불러 직접 골라 먹는 '딤섬'이라는 음식이 있다. 딤섬의 한자는 '점심點心'인데, 간식의 뜻을 가진 광동어다.

차를 마시고 딤섬을 먹는 휴식공간을 차루茶樓라고 한다. 홍콩의 첫 번째 차루는 1846년 황후대도皇后大道 ㅣQueen's Road ㅣ에서 개업한 행화루杏花樓다. 휴식과 만남의 공간인 차루에서 찻잎을 우리는 용기에 장시간 담아 즐겨 마시는 것이 광동의 차문화茶文化다. 예로부터 자연 숙성 갈변된 보이차는 오래 담가두어도 떫지 않고, 여러 번 우려도 맛이 두툼해 일정한 마니아층이 형성되어 있었다. 차루의 메뉴에는 녹차의 황제라 불리는 용정차龍井茶나 오룡차의 철관음鐵觀音과 무이암차武夷岩茶가 주류였으나 보이차도 있었다.

홍콩은 청나라 때부터 보이차의 소비시장이었다. 중국이 공산화되기 이전 이른바 호자급보이차는 대부분 홍콩과 동남아 일대 지역에서 소비되었고, 홍콩의 보이차는 도매상에서 소매상으로 소매상은 다시 차루와 일반소비자에게 공급되었다. 차루는 고급 병차를 중심으로 보이차를 구입한 반면 하역노동자들은 대부분 싼 잎차를 사서 마셨다.

차루는 보이차의 소비량이 많아지자 창고를 마련해 도매상

으로부터 보이차를 직접 구매하면서 저장했다. 1973년 이후, 인공쾌속발효(갈변)로 만든 칠자병차의 출현으로 차루는 바로 마실 수 있는 이 숙차에 국화를 넣어 지푸라기 냄새를 희석한 '국보菊普'를 만들어 제공했다. 반면에 호자·인자급 등의 노생병은 그대로 창고에 넣어 쌓아 두고, 생차 맛을 좋아하는 특수 고객들에게는 7~9급의 산차散茶를 우려 주었다. 홍콩은 운남의 산차를 운남청雲南靑, 월남과 미얀마|緬甸|의 산차를 각각 월남청越南靑과 면전청緬甸靑이라 한다.

당시 운남청의 가격이 높고 맛이 강해 차루에서는 월남청과 면전청을 섞어 순하게 한 후 손님에게 내 놓았다. 마카오 또는 홍콩에선 이런 유사 보이산차를 직접 생산했다. 기록을 보면 1970년대까지 유사 동경호同慶號·송빙호宋聘號도 만들었다고 한다. 발수차發水茶로 만든 이 호자급보이차에서는 숙미熟味가 나 훗날 많은 논란을 일으켰다. 또한 중국 광동에서는 소엽종으로 만든 유사품이 '운남보이차'라는 이름을 달고 일본으로 수출되기도 했다.

운남은 인공쾌속발효(갈변)차를 개발했음에도 불구하고 수유차酥油茶|쑤유차|의 원료를 공급하기 위해 일정한 보이생병을 만들었다. 정부의 정책에 따라 만든 보이생병은 저가의 변소차보다 비싸서 소수민족들로부터 외면당하자 운남에서는 남아도는 물량을 끼워 팔기 식으로 홍콩에 수출했다. 홍콩

에서 악퇴공법으로 만든 보이숙병을 주문하면 생병을 끼워서 강매하는 방법이었다. 홍콩 상인들은 강제로 떠안은 생병을 지하창고에 넣어 습창법으로 쾌속발효(갈변)시켜 상품화했다.

습창법은 홍콩에서 개발한 보이차 쾌속 갈변법이다. 운남으로부터 강매형식으로 부득이 산 생병을 고온다습한 환경에서 숙성을 가속화하여 상품화한 공법이다. 습창법에서 생병일 경우 4년이면 숙성 갈변이 완료가 된다. 초기 3년은 밀폐된 고온다습한 지하 공간에 생병을 넣어 '입창入倉'하는데, 습도가 부족할 경우 물을 뿌려 마포 자루를 덮어 습도를 높인다. 이때 곰팡이가 많이 피는 것을 방지하기 위해 3개월마다 생병을 놓아둔 자리를 옮겨 주는데, 이것을 '번창翻倉'이라고 한다. 또, 후기 1년은 통풍이 잘된 지상으로 옮겨 지하에서 밴 곰팡이 냄새를 제거하는데, 이것을 '퇴창退倉' 또는 '거풍擧風'이라고 한다. 습창차는 퇴창 시간이 길어질수록 곰팡이 냄새가 적어서 높은 가격에 판매 되었다.

한편 1985년 이전의 규정에 따르면 운남 각 지역의 차창에서 생산된 모든 차는 본사인 운남성차엽공사에서 유통을 해야 했다. 1985년의 정책수정으로 각 차창은 스스로 주문 생산할 수 있는 체계로 전환된 시점에 홍콩의 남천무역공사南天貿易公司가 맹해차장에 보이차를 주문했다. 이 차가 '8582 청병'이다.

칠자병차 중 8582는 타 제품보다 부피가 약간 크다. 이는 8급 중심의 큰 잎으로 만들었기 때문이다. 이어 8592 숙병도 주문했는데, 맹해차창에서는 8582와 같은 포장지로 8592를 포장했다. 두 제품을 판별하는데 혼란이 오자 홍콩측의 요청으로 8592 포장지에는 자주색 '천天'자를 찍어 이를 식별하게 했다. 이 시절 수출용 상품의 검사필증에는 '중국상검中國商檢'과 'CIB'라는 문자가 있다. 시장에서는 이 종류의 보이차를 '상검차商檢茶'라 한다.

1984년 중국과 영국은 홍콩의 주권을 영국에서 중국으로 1997년에 이전하기로 동의했다. 홍콩 주권이양의 시기가 다가오자 홍콩 사람들은 중국이 홍콩을 인수 관할한 후 모든 것이 끝나지 않을까 걱정을 했다. 그래서 홍콩에서는 이민 바람이 불었고, 부동산 시장에는 내놓은 건물이 넘쳤다. 이 중에 차루의 매물에는 창고도 포함되어 있어, 창고에 쌓인 보이차는 땡처리 상품으로 차 시장에 나왔다.

이때 대만 상인들이 호자급, 인자급, 숫자급 순으로 이 보이차들을 모두 구입했다. 보이차 왕국이 대만으로 바뀌는 순간이었다. 훗날 '보이차는 중국이 만들어 홍콩이 저장하고 대만에서 꽃이 피었다'고 하는 이야기도 이렇게 해서 나오게 된 것이다.

영국의 식민지인 홍콩은 예로부터 많은 중국내륙 사람들이 이곳에 와서 생활했다.

당시 중국에서 건너온 식자재 가운데에는 보이차도 있었는데, 보이차는 노동자들이 마시는 차라고 해서 '고력차苦力茶'라고 불렀다.

1990년대 이전 광동성에서는 소엽종으로 만든 유사 보이차를 '운남보이차'라는 이름으로 일본에 수출하기도 했다.

오늘날 유사 보이차 중에서 가장 유명한 차가 '광운공병廣雲貢餠'이다. 광운공병은 '보이병차普洱餠茶'라는 이름으로 대부분 홍콩과 마카오 시장에서 유통되기도 한다.

오래 묵은 보이차에서는 벌레가 생기기도 한다. 상인들은 이 벌레의 잔해들을 '충시蟲屎, 벌레 배설물' 또는 '충시차蟲屎茶'라 부른다. 충시차는 묵직한 보이차의 맛에 단맛을 더해 이를 '용주차龍珠茶'라는 이름으로 거래한다.

일부에서는 충시차를 '보이루왁'이라고 한다. 코피루왁Kopi Luwak은 인도네시아에서 사향고양이가 커피열매를 먹고 배설한 원두로 만든 커피로 '죽기 전에 꼭 먹어봐야 하는 커피'라고 칭송을 한다.

보이차의 상술

대만

청나라 때 조선 문헌에서 언급할 정도로 위용을 떨쳤던 보이차
는 청 왕조의 멸망과 함께 몰락했다. 1990년대에 이르자 그
보이차의 위용이 다시 살아났는데, 그곳은 중국이 아닌 홍콩
과 대만이었다. 보이차의 회생에는 홍콩의 중국반환, 대만의
자사호紫砂壺 폭락, 덩스하이鄧時海ㅣ등시해ㅣ의 『보이차普洱茶』
책 출간 등이 결정적인 역할을 했다.

1949년 중국 공산당에게 패한 국민당 정부는 중국대륙에서 대만으로 천도했다. 대만은 오룡차를 생산하는 나라다. 오룡차의 향기를 가장 잘 표현하는 도구가 자사호다. 자사호는 중국 의흥宜興 | 이싱 | 지방에서 생산한다. 자유무역을 신봉하는 대만은 1970~1980년대에 경제 호황기를 맞았다. 대만의 차 사업이 흥성하자 상인들은 중국에서 자사호를 밀수입 했다. 대만은 중국 상품을 '비화匪貨'라고 하는데, 공비共匪가 만든 제품이라는 뜻이다. 홍콩에서 흘러 들어온 '비화' 중에는 보이차도 있었다.

1980년대 홍콩 시장에서 파는 보이차는 모두 인공쾌속발효(갈변)한 보이숙차였다. 대만에서 이 지푸라기 냄새 나는 숙차를 가리켜 '취폭차臭曝茶' 즉 곰팡이 냄새가 심하게 나는 차라고 하여 거래가 거의 없었다. 대만에서 상품으로 인정받지 못했던 보이차는 의외로 자사호 양호養壺에 쓰였다. 저렴한 가격의 보이차에서 우려도 계속 나오는 붉은색의 찻물은 양호에 더없이 좋은 재료였던 것이다.

1980년대 석유파동으로 대만의 경제침체와 더불어 자사호의 포화까지 겹쳐 차 사업은 붕괴하기 시작했다. 자사호의 폭락으로 많은 차 상점들이 줄줄이 폐업하기에 이르렀다. 이때 일부 대만 상인들이 사업 활로를 찾아 나섰다가 우연히 홍콩에서 지금까지 전혀 맛보지 못한 색다른 보이차를 접했다. 고

약한 '취폭臭曝' 냄새가 전혀 나지 않고, 한약 맛을 내는 묵직한 맛의 보이차를 본 것이다. 이것이 훗날 호자급의 차후茶后라 일컫는 '동경호同慶號' 노차老茶였다.

당시 호자급 보이차는 긴 시간 동안 차루茶樓의 창고에 보관되어 있어 이를 아는 홍콩 사람은 별로 없었다. 대만 상인은 홍콩 상인을 통해 호자급 보이차를 수매했는데, 그 대만 상인이 뤼리전呂禮臻 | 여예진 | 이었다.

호자급 보이차의 판매호조는 대만 차 사업에 활기를 불어넣었다. 대만 상인들은 호자급 보이차 이름에 '오래된'의 뜻과 골동骨董을 합성해 '골동보이차骨董普洱茶 · 古董普洱茶'라는 신조어를 만들었다. 대만에서 보이차 수요가 급증하자 홍콩에서 그동안 오룡차를 취급하던 상인들이 호자급 보이차에 초점을 맞춰 사업하기 시작했다.

1984년, 홍콩의 주권을 영국에서 중국으로 1997년에 이전하기로 합의한 사건은 보이차에게 천운을 안겨주었다. 대만에서 판매 흥행을 일으킨 골동보이차는 대만 상인들로 하여금 홍콩 차루에 저장되어 있던 보이차를 전부 구입하게 했다. 보이차 왕국이 대만으로 바뀌자, 그동안 자사호만 다루던 잡지인 『자옥금사紫玉金砂』에서 보이차에 관한 기사가 실렸고 광고도 보이기 시작했다.

천화이위안　　　　　　　　샤오훼이쥐엔

1990년대 대만 자사호 전문 잡지인 자옥금사紫玉金砂에서 보이차에 관한 광고가 등장하자 보이차 열풍이 대만에서 불기 시작했다.

중국 운남 이무易武에 들어간 최초의 외지인은 대만 사람 천화이위안陳懷遠이었다. 사진 중앙의 여성은 육보차六堡茶의 산증인 말레이시아 화교 샤오훼이쥐엔蕭慧娟이다.

그러나 공산주의 아래서 만든 보이차 상품에 대한 정보는 인자급일 경우 홍콩 상인들의 구술에만 의지해야 했고, 칠자병차일 경우는 지비支飛, 즉 마두嘜頭에 적은 7542 또는 8582 같은 숫자가 자료의 전부였다.

당시의 보이차는 12통을 대나무로 짠 큰 바구니인 '람籃'에 '1지 I 1支. 30kg I '씩 담았다. 그리고 1지에는 오직 한 장의 지비만을 넣었는데, 칠자병차의 생산연도 등 제품정보는 오직 '지비'에만 쓰여 있었다. 따라서 지비를 잃어버릴 경우 12통 보이차에 관한 정보는 전혀 알 수 없는 상황이 된다. 게다가 지비에는 시장에서 원하는 정보를 모두 기록하지 않았기에 상인들은 상품의 제작연대를 파악하기 위해 각 포장지에서 서로 다르게 인쇄한 부분을 찾아내어 생산시기를 식별해야만 했다. 이 작업을 했던 사람이 바로 대만 상인들이었다.

예를 들어 '운남칠자병차'에서의 '雲'자와 '茶'자의 차이점, 상호부분에서 '중국토산'의 '中'자의 크기, '팔중차八中茶' 로고의 '茶'자의 색상, 내비內飛에서 '서쌍판납태족자치주맹해차창출품西雙版納傣族自治州勐海茶廠出品' 문구 중 '州'자와 '出'자의 차이점 등이다. 이러한 것들 중에 '팔중차' 로고의 녹색 '茶'자를 손도장으로 찍었으면 시장에서는 이를 '수공개인手工蓋印'이라고 한다. 또 포장지의 상호 중 '中'자 글씨가 크면 '대구중大口中', 반대로 글씨가 작으면 '소구중小口中'이라 했고, 내비의

'出'자에서 위의 '山' 부분이 아래와 같은 크기이면 '평출내비平出內飛', 아래보다 작으면 '첨출내비尖出內飛' 또는 '세자첨출細字尖出'이라고 한다.

한편 7542 상품 중 1975년에 생산한 7542만이 일련번호의 뜻과 부합한다는 것도 대만 상인이 알아냈다. 그 이후에 만든 보이차 가운데 지비에 적힌 7542 상품의 연대도 대부분 대만 상인들이 새로 찾아낸 것들이다. 7532 중에는 '설인청병雪印靑餠'이 유명하다. 1980년대에 만든 이 차는 맛이 인자급과 비슷 하다하여 대만 상인이 이를 '설인雪印'이라는 이름을 지었다.

보이병차의 무게는 357g이 일반적인데, 어떤 이유인지 이보다 크게 만든 375g 짜리가 나타났다. 대만 상인들은 이 상품에 '대大'자를 붙여 식별했는데, '대람인大藍印'과 '대황인大黃印'이 이 경우다. 그리고 400g으로 만든 것을 '수람인水藍印'이라고 했다.

칠자병차 포장지 상호에서 '중국토산中國土産'의 '中'자의 크기가 크면 '대구중大口中'이라 하고, '中'자의 크기가 작으면 '소구중小口中'이라 한다.

칠자병차 내비內飛에서 '중국토산中國土産'의 '出'자 위에 '山'부분이 아래와 같은 크기이면 '평출내비平出內飛'라 하고, '出'자에서 위의 '山'부분이 아래보다 작으면 '첨출내비尖出內飛' 또는 '세자첨출細字尖出'이라고 한다.

대만 상인들이 만든 보이차 상품에 관한 스토리텔링ㅣstorytellingㅣ은 보이차 흥행에 기름을 부었고, 이 흥행은 대만뿐만 아니라 동남아 전체까지 이어졌다. 1996년 대만에 거주하고 있는 말레이시아 화교 덩스하이鄧時海ㅣ등시해ㅣ교수가 세계 최초로 보이차 전문서적인『보이차普洱茶』를 출간했다. 이 책은 당시 가장 각광을 받고 있던 골동보이차에 초점을 맞춰 내용을 소개했고 이것이 길라잡이가 되어 보이차 활성화에 큰 역할을 했다.

2년 후 한국에서 차교육을 하고 있는 필자가『보이차완전해부普洱茶完全解剖』한국어판을 내놓았다. 세계에서 두 번째로 나온 보이차 전문서적이다. 이 책도 역시 골동보이차 중심으로 내용을 편집했으나, 보이차 구매조건을 다섯 가지로 제시했다. 첫째: 원료는 야생野生, 둘째: 건조는 쇄청曬靑, 셋째: 감별은 내비內飛와 내표內票, 넷째: 저장은 건창乾倉과 청결ㅣ乾淨ㅣ, 다섯째: 품질은 곰팡이ㅣ黴ㅣ의 유무 등이었다. 이른바 "야野 · 쇄曬 · 내內 · 건乾 · 매黴"를 보이차에 이입시켜 교육했는데, 이 다섯 가지의 원칙은 오늘날까지 보이차를 구입하는데 그대로 적용되고 있다.

이 두 권의 보이차 전문서적의 내용에서 시사했듯이, 1999년 이전 세계에서 거래 되었던 보이차는 오늘날 대부분 억대를 호가하는 이른바 골동보이차였다. 그래서 이 시기, 즉

1980년대 말부터 1999년 사이에 보이차를 알았고, 이를 즐겼던 사람을 가리켜서 '보이차 1세대'라고 부른다. 오늘날 중국에선 보이차 1세대가 존재하지 않는 것도 이러한 이유에서다.

한편 그 당시만 해도 사람들은 생차와 숙차에 대한 개념이 없었으며, 오직 건창乾倉과 습창濕倉이란 개념만이 있었다. 이 용어들은 모두 홍콩과 대만에서 만들어진 것들이다. 건창 보이차란 좋은 환경에서 저장된 한약 맛이 나고 곰팡이 냄새가 없는 인자급·호자급 보이차를 가리킨다. 다시 말해 당시의 사람들은 곰팡이 냄새의 유무로 건창과 습창을 판단했는데, 이러한 이유로 미생물쾌속발효(갈변)된 숙차도 습창차濕倉茶로 분류되었던 것이다. 그 이유는 당시 접했던 숙차에서는 곰팡이 또는 악퇴 냄새가 심하게 났기 때문이다. 결국 생차를 특수한 환경에서 저장한 습창차나 미생물쾌속발효(갈변)한 숙차는 모두 환영받지 못했고, 오로지 건창에서 저장된 호자급·인자급보이차만이 사람들의 주요 관심대상이었다.

중국경제는 2002년 8%의 고속성장을 이룩해 전국 소매상품 매출총액이 전년대비 9% 증가한 4조 위안을 넘어섰다. 또한 대외 수출호조로 국내소비 수준 역시 현저히 높아졌으며, 도시주민의 소득이 성장하자 생활수준이 대폭 향상되었다. 특히 경제특구인 광동성 중산층의 소비형태가 90년대에 이르러 해외여행이라는 새로운 양상으로 나타나기 시작하면서 그들이 가장 많이 간 곳이 홍콩이었다. 이에 따라 홍콩에서 출발한 보이차 열풍은 광동지역까지 불게 되었다.

보이차 소비시장이 광동에 형성되자, 방촌芳村 |팡촌| · 심천 深圳 |선전| · 동완東莞 |둥관|, 이른바 '광동 3대 차 도매시장'의 상인들이 보이차 사업에 뛰어 들었다. 특히 동완은 중국경제 개발로 1990년대 초 대만 제조업이 이곳에 대단위 공장단지를 차렸는데, 대만 상인 가운데 골동보이차를 즐겨 마시는 사람들이 많았다. 이 문화가 동완 현지 사람들에게 전파되자, 이곳 사람들이 90년대 중반부터 보이차를 저장하기 시작했다. 오늘날 동완이 세계에서 가장 큰 보이차 저장도시로 발전한 것도 이렇게 이루어진 것이다.

당시 중국에서는 규모가 가장 큰 차 시장이 방촌이었고, 방촌의 차 점포 수는 무려 3,000여개에 달했다. 연간 교역량이 30억 위안에 이르는 이곳은 그동안 주로 오룡차를 취급했지만, 보이차에서 새로운 기회를 엿본 차 상인들은 보이차 정보를 수집하기 시작했다.

보이차의 가치가 호자급 · 인자급 등에서 나온다는 것을 알게 되자, 그들은 대만 · 홍콩에 있는 옛 보이차를 사들였다. 하지만 재고량이 한정되어 옛 보이차를 구하기가 어려워지자 보이차 가격은 하루가 다르게 폭등했다. 결국 홍콩에서 대만으로 팔려나간 보이차가 다시 홍콩으로 되팔리는 현상이 일어났다.

판더순方得順   차이진화蔡金華

오늘날 중국에서 가장 큰 규모의 보이차 저장 창고는 광동성 동완시東莞市에 있다.

이 중 '천득차업天得茶業'이 가장 크며, 이곳의 차 저장법은 오늘날 보이차의 보관 지침서로서도 많이 활용하고 있다.

필자 왼쪽 사람이 천득차업 회장 차이진화蔡金華이며, 오른쪽 맨 끝에의 사람은 심천차박람회 부사장 판더순方得順이다.

오늘날 중국 최대 차 판매시장의 한 곳인 광동성 광주시의 방촌芳村 차시장은 중국의 경제침체로 옛날의 활기는 찾아 볼 수가 없고 설렁할 정도로 생기가 없다.

심천차박람회深圳茶博覽會는 중국에서 가장 큰 규모를 자랑하는 차박람회로 성장되었다.

총 10개의 전시관 가운데 보이차 전시관의 규모가 가장 화려하고 웅장해서 보이차의 상업가치가 아직도 크다는 것을 알 수가 있다.

대만은 오룡차의 나라로 예로부터 청향형 포종차包種茶가 차 시장의 주류였다.

2000년에 들어와 보이차가 대만에 상륙하자 많은 차 점포에서 보이차를 취급하기 시작했다.

소상점에서는 대부분 칠자병차 중심으로 보이차를 팔고 있다.

보이차의 부활

중국

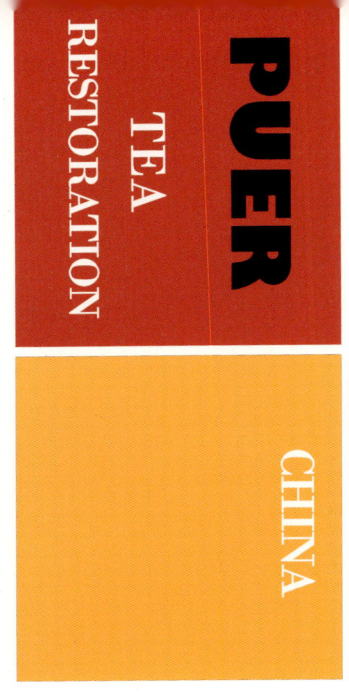

대만에서 부활한 보이차는 중국의 경제성장과 맞물려 새로운 운
명을 맞게 된다. 보이차는 중국 운남에서 만든 명차名茶로 청나
라 때부터 알려졌다. 그러나 지금의 중국 본토 사람들에게 주목
받은 것은 불과 20여 년 전의 일이다. 보이차의 명성은 1990년
대 초부터, 해외에서 먼저 알려졌다. 1993년 중국 정부는 지금
의 보이시普洱市ㅣ푸얼시, 당시의 쓰마오思茅ㅣ에서 제1회 "중국 보이
차 국제학술 세미나대회"를 열었다.

이때 많은 대만·홍콩 사람들과 심지어 한국인들까지 중국 '보이차 국제학술 세미나대회'를 계기로 처음으로 보이차의 고향 운남을 찾았다. 그들은 보이차의 원산지가 운남이어서 이곳에 오면 인자급·호자급 보이차를 찾을 수 있을 것이라고 생각했다.

하지만 결과적으로 그런 기대는 모두 물거품이 되었다. 운남 사람들은 호자급·인자급 보이차 내비內飛에서 가장 많이 언급된 '이무易武'라는 마을이 어디에 있는지도 모르고 있었다. 심지어 당시 중국 보이차계의 거물로 알려진 한 인사는 비웃는 표정으로 "30~40년이 지난 보이차를 마실 수 있다는 얘기가 말이 된다고 생각합니까?"라고 되물어 보기까지 했다. 결국 해외에서 운남을 찾은 많은 사람들이 실망하고 돌아갔는데, 필자도 그 중의 한 사람이었다.

그런데 이런 와중에 일부 대만 사람들은 운남에 계속 머물렀다. 그들은 이곳 고차수의 찻잎을 가지고 전통방법으로 보이차를 가공하여 20~30년을 저장하면 반드시 인자급·호자급과 같은 노차老茶가 될 것이라고 믿고 있었다. 그래서 그들은 희망을 버리지 않고 지도를 보고 산 넘고 강 건너 호자급의 내비에서 언급한 보이차 산지인 '이무'를 찾아 나섰다.

중국 대륙 사람들이 본격적으로 보이차를 알게 된 시기는 2000년대부터다.

당시 중국 광동성의 광주 · 심천 · 동완에서 시작된 보이차 바람은 운남까지 이어지면서 많은 사람들이 이무易武에 들어가 야생 찻잎을 찾기 시작했다.

처음엔 주로 대만 · 홍콩 · 마카오 등지의 화교들이 주문했던 보이청병이, 중국 사람들이 참여하게 되자, 유행하기 시작했다.

이무에 처음 발을 들여놓은 차인은, 운남 사람이 아닌 대만 사람 천화이위안陳懷遠 |진회원|과 홍콩에서 처음으로 호자급 보이차를 발견한 뤼리전呂禮臻 |여예진|이었다. 그들은 이무에서 야생 찻잎을 찾아 옛 기록에서 언급한 대로 돌로 눌러 생병을 만들었고, 이렇게 만든 생병을 모두 대만으로 가져가 저장하거나 판매했는데, 이 차가 '진미호臻味號'였다.

보이차가 해외에서 선풍적인 인기를 누릴 때, 보이차의 고향 운남은 조용했다. 1990년대에 들어와 필자는 한국 학생들과 여러 차례 운남을 방문했다. 당시 운남에서 볼 수 있는 보이차는 오직 한 가지, 당시 해외에서 말하는 '습창차濕倉茶', 즉 미생물로 쾌속발효(갈변)한 숙차뿐이었다.

우리는 운남에 들어와 묵은 생병을 찾았으나 보이차의 총본부 격인 '중차공사中茶公司'나 차 상점에서 우리에게 내놓은 보이차는 지푸라기 냄새가 나는 악퇴공법으로 만든 보이숙차가 전부였다. 이곳 사람들은 생병의 존재조차도 모르고 있었고, 그들은 "이 미생물 발효(갈변)차야말로 진정한 보이차"라고 우리에게 설명했다. 당시 보이차의 유통기한은 제조일로부터 2~3년이었다. 다시 말해 보이차는 유통기간 2~3년을 지나면 먹을 수 없는 식품이라는 것이 중국 사람들의 보이차에 대한 당시의 개념이었다.

1990년대 운남의 모든 차에 관한 업무는 곤명 관상關上에 있는 국가기관인 '중차공사中茶公司'가 했었다.

당시 이곳의 주된 업무는 운남의 특산차 '전홍滇紅'이었으므로, 보이차는 사람들에게 알려지지 않아 특종차로 분류되어 취급하고 있었다.

1990년대 말 당시 곤명에 유일한 보이차 판매점은 천루윈陳露雲 여사가 운영한 '길행吉幸'이며, 백탑로白塔路에 있다.

이 상점의 간판 광고를 보면 보이차보다 대만 오룡차의 문구가 더 눈에 띈다. 당시 보이차의 위상이 어느 정도인지를 짐작케 해주는 그림이다.

보이차에 대한 인식 차이로 중국의 보이차 관계자들은 해외에서 온 사람들이 생차를 찾는 이유를 이해하지 못했다. 당시 운남 현지에서는 몇 십 년 이상 된 보이생차를 찾는 해외 사람들을 보이차에 이야기를 붙여 치부致富를 위한 상술로만 여겨 못마땅하게 생각했다. 반면 해외 상인들은 옛 보이차를 맛보지도 못했고 인공쾌속발효(갈변)시킨 숙차만을 진정한 보이차로 우기는 운남 현지인들을 철저히 멸시하는 태도를 보였다. 이러한 인식은 오늘날 중국 보이차 학계에 아직도 남아있어 때로는 논쟁이 되어 충돌하기도 한다.

보이차가 변방의 차로 주목받지 못하고 있을 때, 이를 연구하던 기관도 사람도 운남과 관계가 없었다. 당시 최초로 보이차를 연구한 사람은 사천四川 | 쓰촨 | 서남농대西南農大 류친진劉勤晉 | 유근진 | 교수였다. 당시 보이차는 차학과 교재에서 언급한 '4대 흑차黑茶' 즉 호남湖南 | 후난 | 흑차 · 호북湖北 | 후베이 | 흑차 · 사천四川 | 쓰촨 | 흑차 · 전계滇桂 | 덴구이 | 흑차 | 운남의 약칭이 전滇, 광서廣西의 약칭이 계桂 | 중 다른 흑차와는 달리 운남은 광서廣西 | 광시 | 와 한 항목으로 묶여 있는 아웃사이더의 차류일 뿐, 류 교수도 이를 전문적으로 다루지는 않았다.

1938년 개교한 중국 운남대학雲南大學 원림학과에 차 과목이 있었다. 여기서 졸업한 학생들이 석박사 학위를 얻고자 차 공부를 더 할 경우 대부분 서남농대西南農大 차학과茶學科에 들어가 류 교수한데 배웠다. 1994년에 이르러 비로소 운남농대雲南農大 학부에서 차학과를 만들었다. 다른 대학 차학과와 동일한 교재로 녹차 중심으로 수업을 했다.

1990년대 중국에서는 보이차가 주목받지 않는 시기여서 이를 특별히 연구한 사람은 없었다. 이 중 사천성 서남농대에 졸업한 운남출신 한 학생만 보이차를 연구했는데, 그가 바로 2004년 중국에서 최초로 발간한 보이차 전문서적 『운남보이차雲南普洱茶』의 저자 저우훙제周紅杰 | **주훙걸** | 교수였다.

2005년, 보이차 열풍이 일어나면서 비로소 운남농대는 보이차 사업에 진출한 제약회사 용윤龍潤 기업의 후원으로 최초의 보이차 연구소를 개원하였다. 연구소의 정식 명칭은 '운남농업대학용윤보이차학원雲南農業大學龍潤普洱茶學院'이었다.

1970년대부터 중국은 보이차를 인공쾌속발효(갈변)한 숙차로 한정하자, 운남 사람들은 숙차의 원료인 쇄청차를 녹차처럼 생각했다. 그러나 야생 찻잎은 강한 떫은맛을 지닌 EGCG 성분의 비율이 낮아 인공쾌속발효(갈변) 숙차로 만들었을 때 맛이 밋밋해 철저히 외면을 받았다.

일례로 당시 시장에서는 대지 차밭의 찻잎으로 만든 쇄청차의 가격이 10위안이라면 야생 찻잎으로 만든 쇄청차의 가격은 5위안으로 거래했다. 쇄청차는 부피가 크고 운반하는 동안 잎이 부서지는 경우가 많아 소작농들은 물을 약간 뿌려 차를 부드럽게 한 후 이를 운반했다. 이 과정에서 차가 '냉발효(갈변)冷醱酵/褐變'되어 변색되기도 했다.

더욱이 소작농들은 생활에서 마시는 쇄청차가 해를 넘기면 신선하지 않다하여 버리는 것이 태반이었다. 1957년부터 1989 년까지 대리大理 | 다리 | 하관차창下關茶廠에 근무했던 왕창위王嫦玉 | 왕항옥 | 여사의 이야기도 이와 비슷하다. 그는 하관차창은 티벳 소수민족들이 마시는 수유차의 원료를 공급하기 위해 생차를 만들었는데, 근로자들은 생차를 좋아하지 않아 마시는 사람은 별로 없었다고 했다. 설사 있다 해도 해가 지나면 묵은 냄새가 난다고 하여 대부분 버렸다고 한다.

1990년대까지 운남 사람들은 보이차를 몰랐다. 1990년대 말, 필자는 운남성 성도省都 곤명의 중심가에서 남녀노소를 네 그룹으로 나누어 보이차에 대한 그들의 인지도를 조사했다. 놀랍게도 90%의 운남 사람들이 보이차라는 '차'를 모르고 있었다. 그들이 다른 지역의 중국 사람처럼 녹차만 마실 뿐 이곳의 명물인 보이차를 모른다는 사실에 큰 충격을 받았다.

전 보이시 서기장이자 운남성 부성장인 선페이핑沈培平 | 심배평 | 이 필자에게 한 자료를 보여주었다. 2002년 운남성 정부에서 조사한 리서치 보고서였다. 이 자료를 보면 2002년 4,300만 운남 인구 중에 수유차酥油茶 | 쑤유차 | 를 매일 마시는 티벳 사람을 제외하고 조사한 결과, 보이차를 매일 마시는 운남 사람은 겨우 3,000여명 정도에 불과했다고 한다. 물론 매일 마신다는 전제가 있었으나 너무 적은 숫자에 필자는 또 한 번 놀랐다.

고 장이張毅 이무
향장

차순호

복원창

1990년대, 필자는 운남에서 만났던 사람들에게 보이차의 생명력은 생차에 있다고 말했다.

지금의 해만海灣 설립자인 전 맹해차창 공장장 쩌우빙량鄒炳良과 루궈링盧國齡 · 왕르어윈王樂耘 등에게 당시 홍콩과 대만의 보이차 현황에 대해 사진을 보여주면서 설명해주었다.

맹해차창 공장장을 역임한 쩌우빙량과 부 공장장인 루궈링이 기념으로 나에게 1970년대산으로 추정되는 보이방차普洱方茶 하나를 주었다.

이무易武를 찾은 최초의 차인은 대만 사람이었다. 1993년, 이무 지역이 그 옛날 보이차의 메카라는 사실을 어느 누구도 몰랐다.

당시 마을 현장縣長이었던 장이張毅가 수많은 자료를 뒤적이면서 알아낸 것이 지금의 동창호同昌號 · 동흥호同興號 · 복원창福元昌 · 차순호車順號 · 영춘호迎春號 등 옛 가게의 집터였다.

1990년대, 필자는 운남에서 만났던 사람들에게 보이차의 생명력은 생차에 있다고 말했다. 대만과 홍콩의 경험을 들려주며 인공쾌속발효(갈변)한 숙차의 한계성과 야생 찻잎만이 깊이가 있다는 이야기도 해주었다. 그때 전 맹해차창 공장장 쩌우빙량 鄒炳良 | **추병량** | 과 나눈 이야기가 아직도 생생하다. 그는 당시 해외에서 온 사람들은 저마다 생차를 찾았지만 자신이 제작할 경우 모두 구매한다는 보장이 없으면 만들지 않았다고 한다. 그는 생차를 만들어서 저장할 하등의 이유가 없었고, 생산 후 바로 팔 수 있는 악퇴 숙차를 만들어서 이윤을 창출하는 것이 상업의 논리라고 했다.

당시 필자하고 가까운 용생龍生 보이차 그룹 주치종朱啓忠 | **주계충** | 사장은 내 의견을 받아들여 2003년에 2~3만 톤의 이무 야생 쇄청차를 구매해 저장했다. 훗날 광주廣州 | **광저우** | 차 상인들이 보이 생차를 찾게 되자 이 차는 그에게 많은 부를 안겨주었다.

2002년 운남 서쌍판납 경홍시에서 "중국보이차 국제학술 세미나대회"를 열었다. 필자도 발표자로 선정되어 참석하게 되었는데, 당시 가장 열띤 토론을 벌였던 의제가 '보이차에 대한 정의定義'였다. 대만·홍콩 등지의 해외 사람들은 생차를 보이차로 인정해야 한다고 주장했다. 왜냐하면 호자급·인자급 등의 보이차가 모두 생병을 자연발효(갈변)시켜 숙성한 것이기 때문이었다. 반면 중국 보이차 관계자들은 그들이 수십 년 동안 만들고 보았던 보이차, 이른바 인공쾌속발효(갈변)차만이 유일한 보이차라는 입장을 고수했다. 이렇게 해외에서 말하는 보이차와 중국 본토에서 말하는 보이차의 개념이 전혀 다른 까닭에, 훗날 많은 분쟁의 불씨가 되어 혼란을 가중시켰다.

2002년 운남 서쌍판납 경홍시에서 '중국보이차국제학술세미나'를 개최했는데, 필자가 발표자로 선정되어 '한국 보이차 시장의 수요와 요구방안'을 발표했다.

그때 대회장에 전시된 보이차에서 생차를 처음 보았다. 필자의 기억으로는 창태昌泰가 만든 '99 이창호易昌號'와 둥비롄董碧蓮이 제작한 '대회기념차' 등 몇 종류 밖에 없었다.

이 차들은 필자가 중국대륙에서 처음 접했던 개인기업에서 만든 보이생차였다.

운남성 정부는 2003년 1월 26일 중화인민공화국 표준화법 標準化法 조례에 의거 <보이차지방표준普洱茶地方標準 DB 53/T 102-2003>을 제정 공표하였다. 이 조례에서 "보이차란 운남성 일정지역에서 운남대엽종 쇄청모차를 원료로, 후발효(갈변) 악퇴공법으로 가공해서 만든 산차와 긴압차를 말하며, 외형의 색택은 밤색, 내질의 수색은 붉고 진하며 투명하면서 밝다. 향기는 독특한 묵힌 향인 진향이 나며, 두터운 느낌의 단맛이 난다. 우린 잎은 밤색이다"라고 정의를 내렸다. 조례의 핵심은 인공쾌속발효(갈변)차만이 보이차라는 것이 운남성 정부의 공식 입장이었다.

이러한 중국 운남성 정부의 보이차 정의에 대한 공식 입장을 발표했음에도 불구하고 보이차의 경제시장은 정반대로 나갔다. 한편 1990년대 후반 쯤에 묶인 보이차에서 경제 가치를 발견한 광동 동완사람들이 운남 맹해차창으로 찾아가 직접 청병을 주문해 동완에서 저장했다. 오늘날 90년대 맹해차창의 생병 중에 상당수가 외지 사람들이 OEM방식으로 당시 주문했던 상품이었다. 지금 시중에 아직도 돌고 있는 대부분 인자급과 칠자병차의 가품假品들이 이때에 만든 것들이다.

한편 중국 개인 기업으로서 최초로 야생 생병을 만든 기업은 '창태昌泰'이었다. 창태의 창시자는 이무易武 사람인 삼합차사三合茶社 장이린張藝林 | **장예림** |이었다. 1996년 천스화이陳世懷 | **진세**

회가 이 사업에 참여한 후 1998년 회사 이름 '서쌍판납창태차 행西雙版納昌泰茶行'으로 바꿨으며, 상표는 '이창호易昌號'로 등록 했다. 당시 타이준린太俊林 | 태준림 |의 권유로 1999년 이무의 야 생 찻잎을 원료로 '99이창호易昌號' 청병을 만들었는데, 이 차가 중국 개인으로서 최초로 만든 야생 청병이기도 하다.

중국 개인 기업으로서는 최초로 야생 생병을 만든 곳이 '창태昌泰'이었다.

창태가 1998년 회사를 설립하면서 최초로 생병을 출하했는데, 당시 상품 이름을 정할 때 이 생 차가 나중에 호자급 동창호同昌號를 닮을 수 있다하여 동창호로 정하자고 했다.

그러나 창립자의 아들 천웨이陳衛가 한때 광동차엽진출공사에 근무했던 친구 타이준린太俊林의 조언을 듣고 상표를 '이창호易昌號'로 바꾸었다.

이창호란 이무의 야생 원료로 동창호와 같이 고품질로 만들었다는 뜻이다.

구 6대차산과 신 6대차산의 찻잎으로 만든 보이차의 차이는 맛의 강도에 있다.

구 6대차산 찻잎의 밀도감과 무게감은 부드러우면서도 짜임새가 충만한 반면에 신 6대차산 찻잎은 강렬하면서도 깊이가 있다.

보이차 마니아들은 이 강렬한 깊이를 '패기覇氣'라고 표현한다. 오늘날 이 패기의 대명사로 명성을 얻은 차가 반장班章이다.

또한 야생 찻잎에서 구 6대차산의 맛이 부드럽기에 시장에서는 이를 '감순甘醇'이라 표현하고, 이와 달리 신 6대차산의 맛은 상대적으로 강하므로 이름하여 '고패苦覇'라고 표현한다.

2000년대 초 중국 광동성 상인들이 야생 보이차의 상업적 가치를 인식하기 시작하자 막강한 자본력을 앞세워 공격적으로 보이차 사업에 뛰어들었다. 그들이 홍콩·대만에서 구입하고자 한 인자급, 호자급 이른바 골동보이차가 갈수록 적어지고 단가가 높아지자 이 차의 원료인 야생 찻잎을 찾으러 직접 운남으로 몰려갔던 것이다.

야생 차나무를 찾으러 간 그들은 곤명의 보이차 시장을 순식간에 점령했다. 차 상인들은 저장할수록 가치가 높아지는 야생 생병에 초점을 맞췄다. 보이 생병의 80%가 방촌으로 들어갔고, 방촌 차 시장의 점포 80%가 보이차를 취급했다. 그들은 구 6대 차산 가운데 호자급 내비에 가장 많이 언급했던 이무에 들어가 야생차를 찾았다. 수요에 비해 공급이 부족하게 되자 타지의 찻잎이 이무에 들어와 이무의 이름으로 팔려 나갔다.

이무에서 가짜 차가 성행하자 이들은 새로운 야생차나무 군락을 찾아 나섰고, 그 중심지는 난창강 이남의 맹해勐海로 이동하게 되었다. 이곳의 남나산南糯山·포랑산布朗山 등 야생 차밭이 연달아 알려지면서, 그동안 산두山頭 즉 차산茶山 중심이었던 산지가 부락인 채寨 중심으로 범위가 좁혀져 정가채丁家寨·반장班章·빙도冰島 등 새로운 보이차의 이름들이 우후죽순처럼 생겨났다.

보이차가 뜨자 많은 사람들이 보이차의 맛이 두텁다, 싱겁다를 '차기茶氣'라는 용어로 표현했으며, 보이차의 좋고 나쁨을 이 차기의 후운에 의해 결정된다고 했다. '후운後韻'이란 차를 마시고 난 후 입안에 남아있는 맛과 향의 길이를 말한다.

와인 또는 커피액을 한 모금 입안에 머금었을 때 혀를 통해 입 전체에 느껴지는 농도·밀도·점성 등을 가리켜 '바디body'라고 한다. 이 밀도가 입안에 가득 찬 느낌이 들 때 '풀 바디full body', 중간 정도일 때 '미디움midium', 낮게 느껴질 때 '로우low'라고 한다.

보이차의 성분 중 뜨거운 물에 녹는 물질을 '수침출물水浸出物'이라 한다. 보이차의 조화로운 맛은 바로 이 수침출물의 짜임새와 조밀감稠密感 즉 '후운'에 의해 결정된다.

보이차 열기가 한창일 때 보이차의 가격은 인공쾌속발효(갈변)차인 경우 맹해차창의 가격을, 야생 찻잎은 이무와 반장의 가격을 기준으로 삼았다. 이렇게 형성된 산지가격을 도매상들이 참고한 후 소매가격을 책정했다.

운남에서는 차산 부락을 '채寨'라고 한다. 오늘날 야생차는 모두 채 중심으로 생산된 것이며, 이 원료를 '일구료一口料'라고 한다.

보이차 야생 청병은 한 종류의 찻잎인 '일구료'를 가공한 후 돌이나 나무로 눌러 덩어리로 만든 것이다. 돌이나 나무로 누른 생병은 느슨한 공간을 통해 산소가 공급되므로서 차가 서서히 자연발효(갈변)되어 최고의 맛을 내게 된다.

한편 야생 찻잎에서 구 6대차산의 맛이 부드럽기에 시장에서는 이를 '감순甘醇'이라 표현하고, 이와 달리 신 6대차산의 맛은 상대적으로 강하므로 이를 '고패苦覇'라고 표현한다.

2002년 필자는 차마고도의 매력에 빠져 운남대학雲南大學 민속학자 고故 무지홍木霽弘ㅣ**목제홍**ㅣ교수와 자주 만났다. 중국의 영화 명감독 톈좡좡田壯壯ㅣ**전장장**ㅣ이 무 교수의 도움으로 차마고도를 소재로 한 최초의 영화 '더라무ㅣ德拉姆, Tea-Horse Road Series: Delamu, 2004ㅣ'를 만들었다. 톈 감독의 초대를 받아 시사회에서 보았던 그 장엄한 영상들이 뇌리에 인상 깊게 남아 감동을 주었다.

그때의 감동이 필자로 하여금 차마고도와 인연이 되어 이른바 '2005년 차마고도茶馬古道 마방재현馬幇再現' 프로젝트에 참여하게 되었다. 이때 필자가 직접 옛 방법에 따라 재현한 보이차를 마필에 실어 이무에서 출발하여 5천km를 달려 북경으로 갔다.

고 무지홍 교수

1990년 운남대학雲南大學 민속학자 고 무지홍木霽弘 교수 일행 6명은 운남의 풍속지리나 지방의 방언을 연구하기 위해 산길을 따라 2개월 동안 답사를 했다.

2년 후 차를 좋아한 무교수는 이름도 없는 이 산길을 '차마고도茶馬古道'라 이름 지어 그의 저서와 논문에 실었다. 차마고도는 이렇게 보이차의 명성과 함께 하나의 명사로 세상에 알려지게 되었다.

차와 소금을 티벳 · 미얀마 · 인도로 실어 나르던 차마고도, 만약 고 무지홍 교수가 차를 좋아하지 않고 차 보다 더 중요한 소금을 선택하여 '염마고도鹽馬古道'라고 했다면, 보이차의 명성은 지금처럼 이렇게 유명세를 타지 않았을 수도 있다.

2005년 필자는 운남 공청단共青團과 함께 세계 최초로 '차마고도 대장정'을 기획했다.

〈차마고도마방재현茶馬古道馬幇再現〉이라 명명한 이 프로젝트에서 필자의 마필에는 태극기를 달고 차마고도 5,000km를 따라 북경으로 향했다.

이 행사로 보이차가 중국의 여러 언론매체로부터 조명을 받아 중국차의 새로운 아이콘으로 자리 잡게 되었다.

운남보이차 희망공정 자선경매 행사 주최자의 한 사람으로서 마과두들과 함께 보이차 경매를 지켜보며, 경매방식에 대해 설명해주고 있다. 북경 노사차관老舍茶館에서.

중국의 국민배우 장궈리張國立의 보이차는 7편에 160만 위안, 한국 돈으로 2억 4,500만원, 한 편의 가격이 무려 3,500만원에 낙찰되자, 사회자가 놀란 표정을 짓고 있다. 이 기사는 〈인민일보人民日報〉1면을 장식해 큰 화제를 낳았다.

북경 노사차관老舍茶館 경매장에서 필자가 만든 한 통의 보이 차 7편이 25만 위안, 당시 한국 돈으로 5,000만원, 한 편의 가격 이 무려 750만원이라는 금액으로 낙찰되었다. '희망공정希望工 程'이라 명명한 이 경매 프로젝트에서 얻은 수익금 전부를 불우 소년 소녀 가장 돕기에 썼다.

　'차마고도 마방재현' 프로젝트의 큰 성공은 곧 '천상天上의 길'이라고 불리는 차마고도의 명성을 중국의 모든 지역에 알리 는 계기가 되었다. 중국의 차와 티벳의 말을 교역하던 높고 험준 한 옛길이 각종 매체로부터 조명을 받았고, 차를 실어 절벽 길을 걷고 있는 마방馬幫과, 거센 물살 위에서 쇠줄 하나에 매달려 계 곡을 건너는 마필의 모습은 중국 사람들의 마음을 사로잡았다. 오랜 세월을 두고 먹을 수 있도록 만든 보이차는 이렇게 차마고 도와 함께 중국차 시장에 새 총아寵兒로 환생還生하게 되었다.

　특히 마방에 관한 이야기들은 보이차에 재미를 더 붙여 중 국 사람들의 시선을 잡는데 성공했다. 예를 들어 마방의 총 책임 자인 대과두大鍋頭의 마필에는 큰 방울을 달아 상대편의 마방에 게 신호음을 보내 이른바 마방이 마주치는 '틈방闖幫'을 피하면 서 이곳을 지나간다. 규정에 따르면 넓은 길에 있는 마방은 좁은 길의 마방에게 길을 양보하며, 언덕 위 마방은 아래쪽 마방에게 길을 양보한다.

운송에는 지켜야 할 철칙들이 있었는데, 대과두의 말이 움직이지 않거나, 제사를 지내지 않았거나, 쌀이 땅에 떨어졌거나, 까마귀가 울거나, 도적 떼가 있으면 마방은 가지 않았다.

보이차가 유명해지자, 보이차는 중국 정부의 적극적인 지원과 선전에 힘입어 중국차의 새 아이콘으로 등장하게 된다. 이 아이콘의 핵심이 야생생병이었다. 가치를 높일 수 있는 야생생병 보이차는 중국경제의 급성장과 맞물려 전국적으로 사재기 열풍을 일으켰다. 특히 저장을 통해 가치를 높일 수 있다고 선전한 것이 폭발적인 수요를 불러 일으켰다. 그러다 보니 보이차는 어느 사이 투자가 아니라, 손실이 발생하면 원금까지 날려 버릴 수 있는 투기상품으로 변질되었다.

전문가들은 잇달아 경고음을 냈다. "투기는 상품가격의 상승을 초래하고, 이러한 현상은 또 다른 투기를 낳으며, 이렇게 악순환이 반복되어 상승하던 가격이 더 이상 감당하기 어려운 수준에 도달하면, 거품이 붕괴되고 상품가격이 폭락할 것"이라는 경고였다. 그러나 투기상품으로서 보이차의 매력은, 이미 중국을 넘어 해외로까지 번져 너도나도 사재기에 뛰어들게 했다.

칠자병차는 1973년부터 유통기간이 이른바 '보질기保質期'가 2~3년이었다. 그래왔던 것이 어느 날 유통기간이 갑자기 포장지에서 사라지고, 그 자리에는 '묵힐수록 품질이 좋다[越陳越香]'라는 뜻을 나타내는 문구가 등장했던 것이다.

2007년 3월 중국 호북성湖北省 |후베이성| 의 무한武漢 |우한| 공상국工商局이 식품위생법 제 40조에 의거해 운남 보이차를 이곳 호북성에서 팔지 못하도록 금지시켰다. 이유는 식품의 유통기간을 애매모호하게 표시한 '월진월향越陳越香'이라는 문구 때문이었다.

보이차는 유통기간이 지나도 문제가 없는가 하는 관점에서 출발된 이 사건은 사회적 이슈가 되면서 중국 각 매스컴에서 이 문제를 크게 다루었다. 일이 이렇게 되자 운남성 보이차 관계기관에서는 이 일에 관여했던 호북성 관계자들을 명예훼손죄로 고소하게 이르렀고, 결국은 두 행정 도시가 서로 맞고소하게 되는 사건으로 번져갔다.

이 일이 예상외로 확대되자, 중국 중앙정부기관의 조정으로 보이차 품질보증 기간 문구의 '보질기保質期'를 품질보존 기간인 '보존기保存期'로 바꾸고, '보이차는 국가표준에서 정한 포장과 저장 등 조건에 부합할 경우 장기간 보존 할 수 있다'는 부연설명을 명시하는 조항을 법으로 만들어 비로소 사건을 마무리했다.

보이차의 역사는 돌고 돌았다. 1990년대 해외 사람들이 묵은 보이차를 찾자, 묵은 보이차를 자본주의의 상술로 치부했던 운남 사람들이 10년이 지난 후, 타지의 중국 사람들과 똑같은 문제로 그들을 공격했던 것은 역사의 아이러니가 아닐 수 없다.

1990년대까지 보이차의 유통기간은 병차는 2년, 타차는 3년이었다. 이는 곧 보이차라는 식품은
2-3년이 지나면 식용할 수 없다는 것이 당시 중국 사람이 보이차에 대한 인식이다.

2007년 초여름, 보이차 투기가 최고점에 도달하자 거품붕괴 현상이 일어났다. 저장 중인 보이차의 양이 포화상태에 이르자, 수요의 감소와 높은 가격에서 비롯된 소비자의 심리적 저항이 거품붕괴의 원인이었다. 보이차 투매현상이 번지자 이탈 속도는 더욱 빨라졌다. 거품붕괴와 동시에 보이차 신화가 한순간에 깨진 것이다.

보이차의 거품붕괴는 투기세력의 개입과 보이차에 대한 안일한 접근이 주된 요인으로 거론되었다. 2003년, 보이노차·보이생차 등을 모두 부정하고 오직 미생물악퇴발효(갈변)차만이 보이차로 인정했던 운남성 정부의 최초 결정은 훗날 상상을 초월하는 부작용을 낳았다.

돌이켜보면 보이차 흥행의 일등공신은 보이생차였다. 보이차가 지닌 가장 매혹적인 사실 중 하나는, 제품마다 스토리가 있다는 것이다. 찻잎의 형태는 야생과 현대, 숙성과정 방법은 자연과 인공, 저장방법에서는 건창과 습창 등의 이야기가 모두 생차에서 나왔다. 하지만 중국이 이 생차를 부정하면서부터 혼란을 자초했던 것이다.

2006년 운남성 정부에서는 이러한 혼란을 해소하기 위해 지방 조례 <DB 53/103-2006>을 다시 만들어 생차도 보이차로 인정했다. 보이차의 거품이 사라진 다음 해인 2008년, 중국 정부는 새롭게 중화인민공화국 표준화법標準化法 국가표준조례에 의거하여 <보이차지리표시산품普洱茶地理標誌産品 보호관리방법保護管理方法 GB/T 22111-2008>을 제정했다. 이 조례에서 비로소 국가적 차원으로 생차도 보이차라는 것을 인정하였다.

2008년에 이르러 새롭게 제정된 '보이차 조례'에서는 자연발효(갈변)를 거쳐 만들어진 보이차도 보이차로 인정하였다. 이 조례로 미생물을 통한 쾌속발효(갈변)는 물론 자연발효(갈변)를 통한 완만발효(갈변)도 '후발효(갈변)공정'의 범위 안에 넣었던 것이다. 다시 말해 짙은 밤색으로 보이는 보이차는 발효(갈변)방법과 관계없이 모두 '보이숙차普洱熟茶'로 보아야한다는 것이 개정한 '후발효(갈변)공정' 조례의 새 정의다.

참고로, <중화인민공화국 국가표준조례>는 각 분야의 실정에 맞는 세칙을 만들어 각자 실행하고 있다. 이 가운데 차에 관한 <국가표준조례법>의 세칙을 보면 '차의 분류에 관한 표준법'은 상급 조례인 반면, 2008년 제정된 '보이차 지리표시산품 보호관리방법'은 하급 조례로 규정되어 있다.

따라서 2008년 '보이차 지리표시산품 보호관리방법' 조례에서 보이생차를 보이차로 인정하였음에도 불구하고 2014년 제정된 상급 조례인 <중화인민공화국국가표준中華人民共和國國家標準 GB/T 30766-2014> '차의 분류에 관한 국가표준조례'에서는 아직도 보이차를 흑차류로 분류하고 있으며, 미생물발효(갈변)차로 정의하고 있다.

차의 분류는 가공법에 따라 정의하는데, 보이생차는 녹차의 가공법을 따르고 있으며 한 번 규정된 분류법은 영원불변하는 것이 분류법의 원칙이다. 이에 보이생차가 시간이 경과되어 밤색의 보이숙차로 변한다하더라도 이는 녹차의 본질에서 변질된 것으로 흑차로 재탄생할 수가 없다는 것이 차의 분류에 관한 정의다. 이는 차의 가공법의 정의에서 흑차는 반드시 '악퇴渥堆'라는 공정을 거쳐야 비로소 흑차로 인정되기 때문이다. 다시 말해 차의 분류에 관한 표준법 조례에서 자연발효(갈변)를 통한 차의 재분류는 인정하지 않는다는 것이다.

누군가는 "차의 학문도 다른 분야와 같이 기본적으로 힘의 논리에 의해 지배한다"고 했다. 따라서 차에 관한 상급 조례가 바뀌지 않는 한 보이차의 정의는 가공법에 따른 6대차류의 정의와는 상충될 수밖에 없으며, 이러한 모순은 지금도 '차과학의 정의'를 진행형으로 만드는 원인으로 작용되고 있다.

중국차엽유통협회中國茶葉流通協會의 조사 자료에 따르면 2016년 운남성 차나무 재배 면적이 610만 무畝이며, 총 생산량은 37.5만 톤이다. 이 가운데 고수차의 생산량은 대체로 800~1,000톤 정도이며, 총 생산량의 1%도 안 된다고 했다. 고대 중국에서 '무畝'는 333.3㎡에서 1,250㎡까지 다양했다. 현재는 지역에 따라 다르나, 대개 666.5㎡로 계산한다.

운남의 찻잎 90% 이상이 대지차임에도 불구하고 시장에서는 대지 찻잎으로 만든 생차를 찾을 수가 없다는 것은 우리에게 시사하는 바가 크다. 보이차가 유행하는 소용돌이 속에서 보이차에 관한 정보는 대부분 상인들의 입을 거치면서 거짓이 진실이 되고 가짜가 진짜로 둔갑하는 것이 일반적이다. 필자는 이러한 문제를 풀기 위해 보이차 3부작 가운데 마지막 책인, 『보이차 진위眞僞』에서 도록圖錄 형식으로 사진을 비교하여 보이차 진위를 다루었다. 이 책의 부제가 '진품眞品 그리고 방품仿品'으로 정한 것도 이러한 이유에서이다.

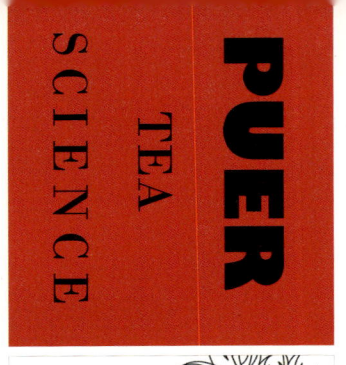

보이차 2003 운남지방표준
DB 53/T 102-2003

운남성 정부는 2003년 1월 26일 중화인민공화국 표준화법標準
化法 조례에 의거 <보이차지방표준普洱茶地方標準> 'DB 53/T
102-2003'을 제정 공표하였다.

이 책에서 '보이차 정의'의 이해를 돕고자 2003년 운남성지방 표준에 관련된 3항만을 소개한다.

3: 술어術語와 정의定義

다음의 술어와 정의는 본 표준에 적용된다.
下列術語和定義是用於本標準.

보이차란 운남성 일정지역 내에 운남대엽종 쇄청모차를 원료로, 후발효 가공해서 만든 산차와 긴압차를 말한다. 외형의 색택은 홍갈색이며, 내질의 수색은 붉고 진하며 투명하면서 밝다. 향기는 독특한 묵힌 향인 진향에, 두터운 느낌의 단맛 나고, 우린 잎은 홍갈색을 띤다.
普洱茶是以雲南省一定區域內的雲南大葉種曬青毛茶爲原料, 經過後發酵加工成的散茶和緊壓茶. 其外形色澤褐紅, 內質湯色紅濃明亮, 香氣獨特陳香, 滋味醇厚回甘, 葉底褐紅.

이 조례의 핵심은 인공쾌속발효(갈변)차만이 보이차라는 것이 운남성 정부의 공식 입장이다.

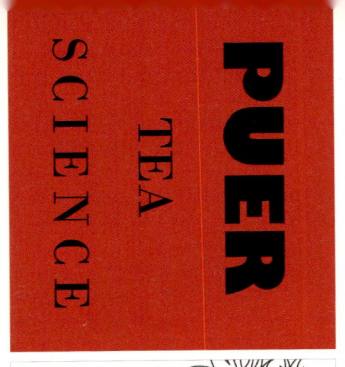

보이차 2006 운남지방표준
DB 53/ 103−2006

2006년 운남성 정부에서는 보이차 시장 혼란을 해소하기 위해 지
방 조례를 다시 만들어 생차도 보이차로 인정했다. 2006 운남
성지방표준 'DB 53/103−2006'은 2003년에 제정된 운
남성지방표준 'DB 53/T 102−2003'을 대체한 표준이다.

이 책에서 '보이차 정의'의 이해를 돕고자 2006년 운남성지방 표준에 관련된 3항·4항만을 소개한다.

3: 술어術語와 정의定義
다음의 술어와 정의는 본 표준에 적용된다.
下列術語和定義適用於本標準.

3-1 보이차普洱茶
운남 특유의 지리표시地理標識 산품이며, 보이차 산지환경 조건에 부합한 운남대엽종 쇄청차를 원료로 특정 가공공정에 따라 만든 것으로, 독특한 품질 특징을 지닌 차다. 보이차는 보이차(생차)와 보이차(숙차) 두 가지 종류로 나뉜다.
雲南特有的地理標誌産品, 以符合普洱茶産地環境條件的雲南大葉種曬青茶爲原料, 按特定的加工工藝生産, 具有獨特品質特徵的茶葉. 普洱茶分爲普洱茶(生茶)和普洱茶(熟茶)兩大類型.

3-2 보이차普洱茶 생차生茶
보이차 산지의 지리환경에 부합한 지역에서 생산된 운남대엽종 생엽을 원료로 살청, 유념, 일광건조, 수증기로 압제하는 증압蒸壓 공정을 거쳐 만든 긴압차를 말한다. 품질특징을 보면 외형의 색택은 묵록색, 지속적인 맑은 향기, 두터운 느낌의 단맛, 수색은 투명한 녹황색, 우린 잎은 두툼한 황록색을 띤다.

是以符合普洱茶産地環境條件下生長的雲南大葉種茶樹鮮葉
爲原料, 經殺靑·揉捻·日光乾燥·蒸壓成型等工藝製成的緊
壓茶. 其品質特徵爲：外形色澤墨綠·香氣淸純持久·滋味濃
厚回甘·湯色綠黃淸亮, 葉底肥厚黃綠.

3-3 보이차普洱茶 숙차熟茶

보이차 산지의 지리환경에 부합한 지역에서 생산된 운남대
엽종 쇄청차를 원료로, 특정 공정을 따라, 후발효(쾌속후발효
快速後發酵 또는 완만후발효緩慢後發酵) 공정을 거쳐 만든 산차
散茶와 긴압차를 말한다. 품질특징을 보면 외형의 색택은 홍갈
색이며, 내질의 수색은 붉고 진하며 투명하면서 밝다. 향기는 독
특한 묵힌 향인 진향에, 두터운 느낌의 단맛 나고, 우린 잎은 홍
갈색을 띤다.

是以符合普洱茶産地環境條件的雲南大葉種曬靑茶爲原料,
採用特定工藝·經後發酵(快速後發酵或緩慢後發酵)加工形成
的散茶和緊壓茶. 其品質特徵爲：外形色澤紅褐, 內質湯色紅濃
明亮, 香氣獨特陳香, 滋味醇厚回甘, 葉底紅褐.

4-유형類型과 등급等級

보이차는 가공공정 및 품질특징에 따라 보이차(생차)와 보
이차(숙차) 두 가지 종류로 나뉘며, 외관형태에 따라 보이산
차와 보이긴압차를 나뉜다.

普洱茶按加工工藝及品質特徵分爲普洱茶(生茶)·普洱茶

(熟茶)兩種類型. 按外觀形態分普洱散茶·普洱緊壓茶.

4-1 보이산차普洱散茶

보이산차는 품질 특징에 따라 특급, 1급부터 10급 등 모두 11 등급으로 나뉜다.

普洱散茶按品質特徵分爲特級·一級至十級共十一個等級.

4-2 보이긴압차普洱緊壓茶

보이긴압차는 등급으로 나뉘지 않으며, 외형에 따라 둥근 떡차 모양인 원병형圓餅形, 사발 종기 모양인 완구형碗臼形, 네모 모양인 방형方形, 기둥 모양의 주형柱形 등 다양한 형태와 규격이 있다.

普洱緊壓茶不分等級, 外形有圓餅形·碗臼形·方形·柱形 等多種形狀和規格.

ICS 67.140.10
X 55

中华人民共和国国家标准

GB/T 22111—2008

地理标志产品　普洱茶

Product of geographical indication—Puer tea

2008-06-17 发布　　　　　　　　　　　　　　　　2008-12-01 实施

中华人民共和国国家质量监督检验检疫总局
中国国家标准化管理委员会　发布

国家质量监督检验检疫总局令[2005]第 75 号《定量包装商品计量监督管理办法》

3 地理标志产品保护范围

普洱茶的地理标志产品保护范围限于国家质量监督检验检疫行政主管部门批准的地域范围,见附
录 A。

4 术语和定义

下列术语和定义适用于本标准。

4.1

普洱茶 Puer tea

以地理标志保护范围内的云南大叶种晒青茶为原料,并在地理标志保护范围内采用特定的加工工
艺制成,具有独特品质特征的茶叶。按其加工工艺及品质特征,普洱茶分为普洱茶(生茶)和普洱茶(熟
茶)两种类型。

4.2

云南大叶种茶 Yunnan Daye tea

分布于云南省境内的各种乔木型、小乔木型大叶种茶树品种的总称。

4.3

后发酵 post-fermentation

云南大叶种晒青茶或普洱茶(生茶)在特定的环境条件下,经微生物、酶、湿热、氧化等综合作用,其
内含物质发生一系列转化,而形成普洱茶(熟茶)独有品质特征的过程。

5 类型、等级和实物标准样

5.1 类型

普洱茶按加工工艺及品质特征分为普洱茶(生茶)、普洱茶(熟茶)两种类型。按外观形态分普洱茶
(熟茶)散茶、普洱茶(生茶、熟茶)紧压茶。

5.2 等级

5.2.1 普洱茶(熟茶)散茶按品质特征分为特级、一级至十级共 11 个等级。

5.2.2 普洱茶(生茶、熟茶)紧压茶外形有圆饼形、碗臼形、方形、柱形等多种形状和规格。

5.3 实物标准样

5.3.1 **普洱茶(熟茶)散茶**

根据各级别的品质要求,逐级制作实物标准样,每三年更换一次,各级标准样为该级别品质的最低
界限。

5.3.2 **普洱茶(生茶、熟茶)紧压茶**

不做实物标准样,由企业按加工工艺要求进行生产留存。

6 要求

6.1 产地环境条件

6.1.1 地理

云南境内适合云南大叶种茶栽培和普洱茶加工的区域,为北纬 21°10′~26°22′,东经 97°31′~
105°38′的区域。普洱茶产地地处低纬度,高海拔,茶园主要分布在海拔 1 000 m~2 100 m,坡度≤25°
的中山山地。

2

4.3

后发酵 post-fermentation

云南大叶种晒青茶或普洱茶(生茶)在特定的环境条件下,经微生物、酶、湿热、氧化等综合作用,其
内含物质发生一系列转化,而形成普洱茶(熟茶)独有品质特征的过程。

보이차 산지의 지리환경에 부합한 지역에서 생산된 운남대엽종 쇄청차를 원료로, 특정 공정을 따라, 후발효
(쾌속후발효快速後發酵 또는 완만후발효緩慢後發酵) 공정을 거쳐 만든 산차散茶와 긴압차를 말한다.

즉, 짙은 밤색으로 보이는 보이차는 발효(갈변)방법과 관계없이 모두 '보이숙차普洱熟茶'로 보아야한다는 것이 개
정한 '후발효(갈변)공정' 조례의 국가 정의다.

보이차 2008 중국국가표준
GB/T 22111-2008

2008년, 중국정부는 새롭게 중화인민공화국 표준화법標準化法
국가표준조례에 의거하여 <보이차지리표시산품普洱茶地理標誌
産品 보호관리방법保護管理方法> 'GB/T 22111-2008'을 제정했
다. 이 조례에서 비로소 국가적 차원으로 생차도 보이차라는 것
을 인정하였다.

이 책에서 '보이차 정의'의 이해를 돕고자 2008년 보이차 국가
조례에서 보이차의 정의에 관련된 4항 · 5항 · 6항은 다음과 같다.

중화인민공화국의 '표준화법標準化法' 국가표준조례에 의
거 <보이차지리표시산품普洱茶地理標誌産品 보호관리방법保護管
理方法>을 제정한다. 본 표준은 중화인민공화국 국가질량감독
검험검역총국國家質量監督檢驗檢疫總局에서 <지리표시산품보호
규정地理標誌産品保護規定>에 의거, 보이차를 보호하는 목적으
로 제정한다.

본 국가표준普洱茶國家標準은 중국국가표준화관리위원회中國
國家標準化管理委員會의 관리 하에 공표, 실시한다.

지리표시산품보이차국가표준地理標誌産品普洱茶國家標準의 명
칭은 다음과 같다. GB/T 22111-2008. 공표 시행날짜는 다
음과 같다. 2008-12-01.

4: 술어術語와 정의定義
다음 술어와 정의는 본 표준에 적용된다.

4-1 보이차普洱茶 |Puer tea|
지리표시 보호 범위 내의 운남대엽종 쇄청차를 원료로 지
리표시 보호범위 내의 특정 가공공정에 따라 만든 것으로, 독

특한 품질 특징을 지닌 차다. 가공공정 및 품질특징에 따라 보이차는 보이차(생차)와 보이차(숙차) 두 가지 유형으로 나뉜다.

以地理標誌保護範圍內的雲南大葉種曬青茶爲原料, 並在地理標誌保護範圍內採用特定的加工工藝製成, 具有獨特品質特徵的茶, 按其加工工藝及品質特徵, 普洱茶分爲普洱茶(生茶)和普洱茶(熟茶)兩大類型.

4-2 운남대엽종차雲南大葉種茶 |Yunnan Daye tea|
운남성 차 생산 지역에 분포된 각종 교목형 · 소교목형 등 대엽종 차나무 품종의 총칭.

分布於雲南省茶區的各種喬木型 · 小喬木型大葉種茶樹品種的總稱.

4-3 후발효後醱酵 |Post-fermentation|
운남대엽종 쇄청차 혹은 보이차(생차)를 특정한 환경조건에서 미생물 · 효소 |酶| · 습열 · 산화 등의 종합작용으로 찻잎 내의 화학물질이 일련의 변환을 일으켜 보이차(숙차)의 독특한 품질 특징을 형성하는 과정을 말한다.

雲南大葉種曬青茶或普洱茶(生茶)在特定的環境條件下, 經微生物 · 酶 · 濕熱 · 氧化等綜合作用, 其內含物質發生一系列轉化, 而形成普洱茶(熟茶)獨有品質特徵的過程.

5-1 유형類型

보이차는 가공공정에 따라 및 품질의 특징에 따라 보이차 (생차)와 보이차(숙차) 두가지 유형으로 나뉜다. 외관 형태에 따라 보이차(숙차) 산차, 보이차(생차, 숙차) 긴압차로 나뉜다.

普洱茶按加工工藝及品質特徵分爲普洱茶(生茶)·普洱茶 (熟茶)兩大類型. 按外觀形態分普洱茶(熟茶)散茶·普洱茶(生茶·熟茶)緊壓茶.

5-2 등급

5-2-1 보이차(숙차) 산차의 품질 특징에 따라 특급, 1급 부터 10급 등 모두 11 등급으로 나뉜다.

普洱茶(熟茶)散茶按品質特徵分爲特級, 一級至十級共11個 等級.

5-2-2 보이차(생차, 숙차) 긴압차의 외형에 따라 떡차 모양인 원병형圓餠形, 종기모향인 완구형碗臼形, 네모 모양인 방方形, 기둥 모양의 주형柱形 등 다양한 형태와 규격이 있다.

普洱茶(生茶·熟茶)緊壓茶外形有圓餠形·碗臼形·方形· 柱形等多種形態和規格.

姜育發 第二十三卷 茶書

三寧堂 2022 製作

將此書獻於我心目中永遠天使 故 畢鳳蘭女士 2022. 05. 28